MARIE HÜSING

EINDRÜCKE VON UNTERWEGS

AUFZEICHNUNGEN OHNE DATUM

Paperback-Bestellnummer RKW 421

Verlag für Jugend und Gemeinde

Titelbild: Günter Boßmann
Umschlaggestaltung: RKW

ISBN: 3 88087 421 2

Marie Hüsing

Eindrücke von unterwegs

Aufzeichnungen ohne Datum

kawohl

Inhaltsverzeichnis

UNTERWEGS

Komm,
sprach Er
und mahnte zum Aufbruch.
Nein,
sagte ich.
Es lohnt nicht
zu beginnen,
der Weg ist zu mühsam,
das Ziel ist zu fern.
Ich erreiche es nicht.

Was redest du da?
fragte Er gütig.
Ich bin der Anfang.
Ich bin das Ende.
Von einem Punkt
bis zu dem andern
führt meine Liebe.
Hier, nimm meine Hand.
Und nun komm!

Ich war verwundert,
doch ich schlug ein.
Seither
bin ich mit Ihm
unterwegs.

Zeitbetrachtung

Ein Besuch im Uhrenmuseum unserer Stadt lohnt sich. Es ist erstaunlich, was sich Menschen auch auf diesem Gebiet haben einfallen lassen.

Wand- und Standuhren mit reich verzierten, dem jeweiligen Zeitgeschmack angepaßten Gehäusen. Kunst und Kitsch in jeder Größe und Form. Melodisch schlagende Uhren, bekannten Musikstücken nachgebildet. Eine Nachbildung der wohl größten und bekanntesten Uhr Englands, des Big Ben.

Und dann Uhren so winzig, daß sie in einen Fingerring hineingearbeitet werden konnten.

Die Uhr als Zeitzähler, für den modernen Menschen nicht mehr wegzudenken.

Ob Robinson eine Uhr besaß auf seiner einsamen Insel? Ich glaube es nicht. Es läßt sich auch ohne Uhren leben. Sie geben uns ja nicht die Zeit, sondern messen sie nur.

Die Zeit, die uns geschenkte Zeit, ist ein Kapital, von dem wir pausenlos abheben, bis nichts mehr da ist. Es sind kluge Abhandlungen über das Thema Zeit geschrieben worden, die des Nachdenkens wert sind.

Zeit ist Gnade, ist ein uns von Gott anvertrautes Gut, mit dem wir behutsam umgehen sollten.

Oase der Stille

Angrenzend an den Utrechter Dom gibt es einen kleinen Klostergarten. Er wird von drei Seiten umrahmt durch einen gotischen Kreuzgang, der an das frühere Kloster erinnert.

Durch eine schmale Pforte gelangt man in den Garten

und befindet sich, obgleich nur wenige Meter von der lauten Straße entfernt, in einer Oase der Stille.

Schon im Mittelalter haben Mönche hier einen Kräutergarten angelegt, in dem im Sommer Minze, Salbei und Thymian und viele andere Kräuter grünen, blühen und duften.

Inmitten des Gärtchens steht ein Brunnen, geschmückt mit einer Plastik: Es zeigt einen Mönch mit einem feinen Gesicht, der sich schreibend über ein Buch beugt.

Der 112 Meter hohe Turm des Domes, gebaut zwischen 1321 und 1392, ist durch einen Wirbelsturm im Jahre 1764 von der Domkirche getrennt worden und gilt als das Wahrzeichen der an historischen Gebäuden reichen Stadt Utrecht.

In der Domkirche finden seit der Reformation evangelische Gottesdienste statt.

In den Katakomben

Auf einer Romreise mit der Liebenzeller Mission versetzte mich die Aussicht auf einen Besuch der Katakomben in Spannung.

Schließlich war es soweit. An einem Nachmittag fuhren wir mit unserem Bus über die von Pinien umsäumte berühmte Via Appia unserem Ziel zu. Ich dachte an die römischen Legionäre in alter Zeit, die - aus ihren Schlachten heimkehrend - hier entlanggezogen waren. Ich dachte auch an Phöbe, die Diakonisse der Frühkirche.

Wahrscheinlich hat sie den Brief des Paulus an die Römer über diese Straße getragen, und auch Priscilla, die viel zur Gründung der ersten christlichen Gemeinde beigetragen hat, wird wohl hier langgegangen sein.

Und nun standen wir vor der Katakombe der Domitella. Vor ihrem Eingang warteten mit uns noch zwei andere Gruppen, Engländer und Franzosen.

Kaum hatten wir das Tageslicht verlassen, umfaßte uns auch schon wie eine Knochenhand die Katakombenkühle. Nacheinander drangen wir einzeln in die nur von unseren Kerzen erhellte Dunkelheit. Wie Schiffskojen lagen die Grabnischen in den rauhen Mauern übereinander.

Da uns gesagt war, daß sich hier unten immer wieder Leute verirrten, blieb die Gruppe eng beieinander. Der Mönch, der uns führte, beantwortete geduldig alle Fragen. Nein, die Christen hätten niemals in den Katakomben gewohnt; sie seien hier nur zusammengekommen, um an den Gräbern der Märtyrer zu beten. In Zeiten der Verfolgung habe man hier auch, meistens in der Dämmerung eines Tages, das Abendmahl gefeiert. Möglicherweise habe hier auch manchmal ein von der Obrigkeit Verfolgter Zuflucht gesucht.

Wenn der Mönch stehenblieb, um etwas zu erklären, wandten sich alle ihm zu, die Gesichter vom flackernden Kerzenlicht beschienen. Aus dem Dunkel vor uns und hinter uns drangen vereinzelt englische oder französische Laute an unsere Ohren. Das Ganze ist mir unvergeßlich.

Die Malereien in den Katakomben sind ein Kapitel für sich. An den reichen Verzierungen, Ranken und Vogelabbildungen, mit denen die ersten Christen die vulkanischen Wände geschmückt haben, meint man noch ihre Liebe ablesen zu können.

Es geht alles vorüber

Im letzten Krieg gab es einen Schlager, der an allen Fronten gern von den Soldaten gesungen wurde:

„Es geht alles vorüber, es geht alles vorbei.
Nach jedem Dezember kommt wieder ein Mai."

Mein vermißter Bruder hatte mir das erzählt. In seinem letzten Brief aus Stalingrad waren diese Worte seinem Schreiben hinzugefügt.

Wollte er uns damit trösten? Wollte er sagen: Wir haben noch Hoffnung? Ich empfand die Worte als Zeichen einer großen Hilflosigkeit und elementaren Angst - sie waren wenige Tage vor der Kapitulation der deutschen Wehrmacht im Kessel von Stalingrad geschrieben worden.

Mein Vater, der viel für seinen Sohn gebetet hatte, sah das jedenfalls so. Er sagte: „Der Junge tat sich immer schwer, das auszudrücken, was in ihm vorging. Ich bin gewiß, er ist nicht ohne den Trost eines Gotteswortes gestorben. Wie es auch immer gewesen sein mag, in seinen letzten Minuten war er nicht allein. Jesus war bei ihm."

Schönheitsliebe

Allgemeine Schönheitsliebe ist ein guter Nährboden für die Liebe zur Kunst. Schon als kleines Mädchen lag ich gern im Gras und sah den eilig dahinziehenden Wolken zu. Später entdeckte ich immer mehr schöne Dinge, die mich erfreuten. Im Sommer füllte ich Vasen und Krüge mit bunten Feldblumensträußen und im Herbst mit farbigen Zweigen.

Die Liebe zur Malerei erwuchs aus dem Kauf von Kunstpostkarten. Meine kleine Sammlung stieß auch bei Freundinnen auf Interesse: schon acht Dürerkarten und zehn von Spitzweg!

Und dann entdeckte ich die Modernen: Emil Nolde, Paul Klee und andere.

Impressionisten: Ich weiß noch, wie ich das bis dahin nicht gehörte Wort im Lexikon nachschlug.

Und dann gab es damals eine Lebensmittelfirma, die bestimmten Produkten kleine Kunstbildchen beilegte. Hatte man hundert Stück gesammelt, bekam man ein Album zugeschickt.

Ich war glücklich, als ich das rote Album mit der Aufschrift: „Moderne Malerei“ in den Händen hielt. Jahrelang habe ich es wie einen kostbaren Schatz gehütet.

Die geheimen geistigen Schätze

Vor Jahren hat mich einmal eine Nachricht, die im Fernsehen kam, sehr gerührt.

Ein russischer Dichter, der seiner Gesinnung wegen zur Zwangsarbeit in einem Straflager verurteilt war, hatte ein Gedicht in einer für Deutschland bestimmten Holzladung versteckt. In Wetzlar war es nun gefunden worden.

Ein anderer Russe, der während des Krieges bei uns im Exil lebte, kannte den Dichter als einen sensiblen jungen Mann, der sehr gute Gedichte schrieb.

Ich hatte mich gedanklich intensiv mit diesem Menschen beschäftigt. Ob es ihm gelänge, seine Gedichte vor der feindseligen Lagerleitung zu verstecken? Das fragte ich mich Seinerzeit häufig.

Wann und wo mochten seine Verse entstehen? Auf den langen Wegen zur Arbeit? In den Nächten auf der Pritsche? Aber dort übermannte ihn wahrscheinlich die Müdigkeit.

Eines aber wußte ich ganz sicher: Der Dichter war besser dran als seine Leidensgenossen. Die Aufseher konnten ihn quälen, ihn ungerecht behandeln - seine Gedankenwelt konnten sie ihm jedoch nicht rauben. Seine geheimen geistigen Schätze waren unantastbar.

Vielleicht lebte seine sehnsüchtige Seele in einem zerschundenen Körper, aber sie konnte sich ernähren von den heimlichen Schätzen seines Geistes.

Eine ganze Reihe deutscher Dichter sind in der Nazizeit ins Exil gegangen: Walter Bauer, Thomas Mann, Hilde Domin, Nelly Sachs, u. a. Das half ihnen zu überleben. Sie alle fanden ein Stück Heimat in ihrer Muttersprache. Hilde Domin flüchtete sich ins Wort, wie sie selbst schreibt. Als unverlierbares Gepäck ist ihr die Muttersprache geblieben.

Nelly Sachs bekennt: „Ich habe meine Angst ins Leuchten gestellt" und meint damit auch den inneren geistigen Reichtum, den ihr niemand nehmen konnte.

Die Warum-Fragen

Die Warum-Fragen werden in unserer Zeit nicht weniger, sondern nehmen zu. Die Bilder vom grauenvollen Ende vieler Menschen in den Krisengebieten dieser Erde schockieren uns. Da fragen manche, auch Glaubende: Wie kann Gott das zulassen? Wo ist Gott?

Ich hatte erst vor kurzem zwei Gespräche zu führen, bei denen es um diese Fragen ging.

Soll man da eine Antwort versuchen? Wir kamen auf Hiob zu sprechen. Das Aufwühlende, Quälende bei ihm ist nicht das eigentlich Schreckliche an seiner Situation, sondern die Tatsache, daß er Gott nicht mehr begreift, daß er irre an ihm wird und dadurch ins Leere und in die Sinnlosigkeit stürzt.

Die Gnade Gottes zeigt sich darin, daß Hiob - wie auch manche Psalmbeter - aus der Verzweiflung herauskommt und zum Dennoch des Glaubens findet.

Gott spricht auch durch Träume

Wir sprachen in einer Frauenfreizeit an einem Abend über Engel. Als wir uns hinterher noch in einem kleinen Kreis über das Thema unterhielten, erzählte eine Frau folgendes: „Gott muß nicht immer einen Engel schicken, er kann uns auch durch einen Traum Hilfe zuteil werden lassen.

Ich werde nie vergessen, was ich im Januar 1946 erlebt habe. Ich wohnte damals mit meiner Familie noch im elterlichen Haus, in einer schwer zerbombten Stadt. Unser Haus war so beschädigt, daß wir nur noch im Erdgeschoß leben konnten. Besonders zerstört war der Dachboden.

Meine Schwester, eine Diakonisse, schrieb mir in jenen Wochen, sie brauche unbedingt ihre Winterschuhe und einige warme Sachen, die sie in einem Karton verpackt zu Hause habe stehen lassen. Ich solle ihr das Paket doch schicken. Ich begann danach zu suchen. Es war vergeblich. Meine Schwester schrieb zum zweiten Mal. Was sollte ich tun? Ich wagte mich auf den offenen Speicher, von dem aus man stellenweise in den Himmel sah - nirgendwo eine Pappschachtel. Traurig kehrte ich in die Wohnung zurück und sagte im Gebet Gott meine Not.

In einer der folgenden Nächte hatte ich einen seltsamen Traum. Ich stieg wieder die schmale Treppe hinauf, die zum Speicher führte. Dort fielen meine Blicke auf eine Holzkiste, die ganz bedeckt mit Schutt und zerbrochenen Ziegeln in einer Ecke stand. Ich sah mich im Traum den Schutt mit meinen Händen wegräumen, bis die Kiste frei war. Dann öffnete ich den Deckel und fand den gesuchten Karton! Voller Freude erwachte ich.

Am nächsten Morgen handelte ich genau so wie im Traum und konnte noch am gleichen Tag das Paket zur Post bringen.

In ihrem Dankbrief schrieb meine glückliche Schwester, daß auch sie die ganze Zeit darum gebetet habe, daß Gott mich die Sachen finden lassen möge."

Nach diesem Gespräch erfüllte uns ganz neu ein Staunen darüber, wie unbegreiflich es doch ist, daß der große Gott, der Himmel und Erde in seiner Hand hält, sich mit unseren kleinen menschlichen Problemen bemüht. Fassen läßt es sich nicht, aber unser Lob dürfen wir ihm bringen.

Alte Hausinschriften

Einige hessische Städte haben in ihrem Stadtkern prächtige Fachwerkhäuser aufzuweisen. Wie bei uns im Westfalenland findet man dort auch noch hin und wieder christliche Hausinschriften, etwa folgende:

„Wir sind hier fremde Gäste
und bauen doch so feste.
Und wo wir ewig werden sein,
da bauen wir so wenig ein."

Manche der einstigen Erbauer der Häuser ließen in den Querbalken über ihrer Haustür einen Bibelspruch einschneiden, zum Beispiel: „Christus spricht: Ich bin die Tür." Uns mutet das heute seltsam an.

Diese alten Inschriften erinnern uns an Zeiten, die gottesfürchtiger waren als die unsere. Wir danken es dem Denkmalschutz, daß er diese alten Bekenntnisse frisch erhält.

Ich wurde erinnert an den Bericht eines Bekannten, der kürzlich in der Türkei war. Er erzählte, daß dort an den Wänden öffentlicher Gebäude und Fabriken häufig Koransprüche zu lesen seien.

Ich weiß, die Zeit der Hausinschriften ist vorbei. Aber

die Frage bleibt: Was merken die Ausländer, wenn sie in Europa leben, vom christlichen Glauben? Was merken die Nachbarn, was merken unsere Kollegen? Wenn sie nichts merken, begehen die Christen eine schwere Unterlassungssünde.

Es kommt etwas in Bewegung

Einander Mut machen, die von Gott geschenkten Gaben für ihn einzusetzen: das ist eine schöne Aufgabe. Wir können dadurch etwas in Bewegung bringen.

Pastor Paul Deitenbeck hat es in meiner Lüdenscheider Zeit bei mir getan.

Es war kurz nach dem Kriege, die Zeit der Trümmer und des Neuaufbaus. Der Brockhaus-Verlag wollte eine neue Jugenzeitschrift herausbringen. „Die Tenne“ sollte sie heißen. Ich wurde durch Pastor Deitenbeck ermutigt, dafür einen Artikel zu schreiben. Es gelang! Er wurde gedruckt.

Die erste Nummer erschien in einem ärmlichen Gewand, kleinformatig, auf grauem Papier gedruckt, aber sie trug den Keim der Hoffnung in sich.

Bei mir war dadurch etwas in Bewegung gekommen. Es geschah durch einen Mutmacher von Gottes Gnaden.

Worte von Hermann Bezzel

Da ich selber mit großem Gewinn einige Bücher von Hermann Bezzel, diesem gesegneten Gottesmann, gelesen hatte, freute ich mich stets, wenn Pastor Heinrich Kemner ihn erwähnte. Er tat es oft und immer in großer Dankbarkeit.

Zwei Ausdrücke von Bezzel haben mich in besonderer Weise begleitet:

1. „Die größte Kraft des Lebens ist der Dank."
2. „Es gibt keine Sünde, zu der ich nicht fähig wäre."

Das zweite Wort hat mich oft nachdenklich gemacht. Denn das heißt doch, daß etwas in uns schlummert, das aber eines Tages ans Licht kommen kann, obwohl wir davor eigentlich Grauen empfinden.

Diese Erkenntnis macht die Bitte um Bewahrung dringlich und notwendig.

Was wird aus unserem alten Planeten Erde?

Was wird aus unserem alten Planeten Erde? So fragen wir immer häufiger, denn er ist in vielerlei Hinsicht bedroht.

Bei der großen Umweltkonferenz in Rio de Janeiro 1992 wurde eines überdeutlich: Hilflosigkeit und Ratlosigkeit lähmen die Handlungsfähigkeit der Staaten. Es gäbe Rettungsmaßnahmen. Aber wer soll sie bezahlen? Wie viele andere Zusammenkünfte hat aber auch diese Konferenz das Umweltbewußtsein gestärkt und vielen die Augen geöffnet. Und das war gut.

Christen wurden einige Verse aus 1. Mose 8 wichtig. Es wird dort berichtet, was nach der großen Flut, der Sintflut, geschah: „Noah aber baute dem Herrn einen Altar und nahm von allerlei reinen Vieh und von allerlei reinen Geflügel und opferte Brandopfer auf dem Altar.

Und der Herr roch den lieblichen Geruch und sprach in seinem Herzen: Ich will hinfort nicht mehr die Erde verfluchen um der Menschen willen; denn das Dichten des menschlichen Herzens ist böse von Jugend auf. Und ich will hinfort nicht mehr schlagen, was da lebt, wie ich getan habe.

Solange die Erde steht, soll nicht aufhören Saat und Ernte, Frost und Hitze, Sommer und Winter, Tag und Nacht"(1. Mose 8,20-22).

„Und Gott sagte zu Noah und seinen Söhnen mit ihm: Siehe, ich richte mit euch einen Bund auf und mit eurem Samen nach euch. Und mit allem lebendigen Getier bei euch, an Vögeln, an Vieh und an allen Tieren auf Erden bei euch, von allem, was aus der Arche gegangen ist, was für Tiere es sind auf Erden.

Und Gott sprach: Das ist das Zeichen des Bundes, den ich gemacht habe zwischen mir und euch und allen lebendigen Seelen bei euch hinfort ewiglich. Meinen Bogen habe ich gesetzt in die Wolken, der soll das Zeichen sein des Bundes zwischen mir und der Erde". (1. Mose 9, 8-10.12+13)

Der Regenbogen

Ein bunter Regenbogen
ziert unser Firmament.
Mit seinen sieben Farben
er still am Himmel brennt.

So ist auch Gottes Gnade
weit über uns gespannt.
Gott hält die Welt, die kranke,
noch liebend in der Hand.

Er wird sie einst vollenden.
Er schloß mit ihr den Bund.
Dann wird an allen Enden
ihn loben jeder Mund.

Aktives Warten

Sie haben mir immer großen Respekt abgenötigt, die Menschen, die nicht lamentierten, als das große Leid über sie kam, sondern sich zu einem Ja durchrangen und das Beste aus ihrem schweren Los zu machen versuchten.

Ich denke an den berühmten englischen Dichter John Milton. Er ist 65 Jahre alt geworden.

Mit 44 Jahren wurde er blind. Erst erschien es ihm so, als ob damit unter all seinen Aktivitäten ein Schlußstrich gezogen sei. Doch es kam anders. Seine beiden Meisterwerke „Das verlorene Paradies“ und „Das wiedergefundene Paradies“ entstanden nach seiner Erblindung.

Zuerst tobte in seinem Inneren ein harter Kampf. Er fühlte sich vom Leben ausgeschlossen und beiseite gestellt. Noch drangen die lauten und leisen Stimmen der Umwelt auf ihn ein, aber irgendwie berührten sie ihn nicht mehr. Es war ihm, als ginge ihn das alles nichts mehr an.

In jener dunklen Zeit schrieb er eine Verszeile, die schon andeutete, daß ihm allmählich ein inneres Licht aufging: „They also serve who only stand and wait.“ (Auch sie dienen, die nur stehen und warten.)

Es gibt nicht wenige Menschen, die unter einer schweren Last leben und zur Zeit nichts tun können als warten und hoffen. Mit ihrer Erkrankung wird es schlimmer anstatt besser. In die schwierigen Verhältnisse kommt kein Lichtblick. Alle Bemühungen, einen Arbeitsplatz zu finden, scheitern. Die Tage gehen dahin, die Nöte bleiben konstant.

Was ist da zu tun?

Gerade das Bewußtsein, im Grunde nichts tun zu können, gibt uns Menschen das Gefühl der Hilflosigkeit und Abhängigkeit. Vielleicht sind solche Zeiten, von Gott her gesehen, für seine Kinder eine „Hohe Schule“. Vielleicht sollen sie lernen, daß es eine große Aufgabe ist, auch im Leiden standfest im Glauben zu bleiben.

Wir können Gott nicht nur durch unserem Tun dienen, sondern auch durch das Hoffen und Warten auf seine Hilfe, durch das geduldige Ertragen von Not. Wer sich in solch einer Lage befindet, kann in den Psalmen viele Stellen entdecken, die ausdrücken, was ihn bewegt. Zum Beispiel diese: „Wende dich zu mir und sei mir gnädig; denn ich bin einsam und elend. Die Angst meines Herzens ist groß; führe mich aus meinen Nöten! Sieh an meinen Jammer und mein Elend und vergib mir alle meine Sünden.“ (Psalm 25,16 und 17)

„Herr, höre meine Stimme, wenn ich rufe; sei mir gnädig und erhöre mich! Mein Herz hält dir vor dein Wort: Ihr sollt mein Antlitz suchen. Darum such ich auch, Herr, dein Antlitz.“ (Psalm 27,7 und 8)

Liebe zum Graublauen

Die Post bringt mir einen Kartengruß aus dem Süden. Das Foto zeigt einen wolkenlosen, tiefblauen Himmel über einer grünen Landschaft.

Gewiß, manchmal ist solch ein faszinierend blauer Himmel ganz schön, aber auf die Dauer doch eher eintönig.

Regennasse graue Tage ohne Aufhellung werde ich noch schneller leid, aber die gemäßigten Tage, die mag ich.

Den graublauen Himmel mit wechselndem Wolkenspiel liebe ich am meisten. Graublau ist eine gute Mischung. Es ist die Farbe, aus der das Leben der meisten Menschen gemacht ist: Nicht immer Sonne, aber auch nicht immer Regen und Sturm, Kälte und Frost. Darum spreche ich auch nicht mehr gern über den sogenannten „grauen Alltag".

Früher habe ich geglaubt, das eigentliche Leben sei das Besondere: Reisen, Abenteuer, Feiern und Feste. Da liege das Glück, dachte ich. Heute liebe ich den Alltag, den graublauen mit seinen bunten Farbtupferchen der Freude.

Alltag: das ist die längste Wegstrecke unseres Daseins in dieser Welt. Er bietet uns gute Hausmannskost und bewahrt uns davor, uns an allzu üppigen Tischen den Magen zu verderben.

Feste müssen sein, sie haben ihre volle Berechtigung, aber verachte mir keiner den graublauen Himmel und den graublauen Alltag. Ich liebe sie.

Relativieren

„Der Mann kann einfach nicht relativieren", sagte einer über den anderen. In seiner Stimme war Entrüstung. „Wie meinst du das?", fragte ein Dritter. Schlagfertig kam die Antwort: „Er ist nicht fähig, einen Berg von einem Maulwurfhügel zu unterscheiden!"

Das war natürlich nur symbolisch gemeint. Aber haben wir uns nach einer schwierigen Situation nicht alle schon rückblickend fragen müssen: War die Sache soviel Aufregung wert?

Auf einer Karte las ich: „Du kannst dich den ganzen Tag über ärgern, aber du bist nicht verpflichtet dazu."

Vor vielen Jahren lernte ich ein kleines Gedicht von Marie Feesche auswendig, das mir manchmal geholfen hat:

Wollen kleine Dinge,
wunderwinz'ge Sachen,
heut dein Auge trüben,
heut dich traurig machen,

mußt du gleich denken:
übermorgen.

Sie werden immer kleiner,
diese winz'gen Dinge,
diese kleinen Sachen.
Und du wirst nur lachen,
wie sie so geringe
übermorgen.

Lernen und Lehren

Von meinen jungen Jahren an habe ich das Bedürfnis gehabt, Geistiges weiterzugeben. Es muß wohl so sein, daß die Seele, wenn sie sich vollgetrunken hat, sich verströmen möchte.

„Lernen und Lehren, dann ist das Leben eine Lust", hat Elise Averdiek gesagt. Dem kann ich aus vollem Herzen zustimmen. Die Möglichkeiten zum Weitergeben waren bei mir über viele Jahre hinweg begrenzt. Den Kindern im Kindergottesdienst am Sonntag die biblischen Geschichten erzählen, das war solch eine Möglichkeit. Aber sonst?

Es gab da allerdings an den Sonntagnachmittagen die Spaziergänge mit den Freundinnen. Wenn sie bereit waren, mir zuzuhören, erzählte ich ihnen den Inhalt der Bücher, die ich gerade las. Manchmal saßen wir dabei auch am Waldrand in der Sonne, und in meinen Redestrom klang hin und wieder ein Vogellied hinein.

Es kam vor, daß ich meinen Zuhörerinnen zwischendurch empfahl, das betreffende Buch nun auch selber zu lesen. „Och, das ist nicht mehr nötig", konnten sie etwa sagen. „Doch, doch", ereiferte ich mich dann, „ich erzählte euch ja nur den Inhalt, die Feinheiten dazwischen, die lassen sich nicht so in Worte fassen, die muß man selber lesen!"

Ungläubig sahen sie mich an. „Die Feinheiten?", fragten sie zweifelnd. Woraus die „Feinheiten" bestanden, konnte ich auch nicht genau erklären.

Einmal hatte mich ein Film ganz aus dem Häuschen gebracht. Wir gingen selten ins Kino. Mein Vater sah das nicht gern. Doch an einem Sonntagnachmittag durfte ich mir den Film „Leise flehen meine Lieder" mit Luise Ullrich ansehen. Hinterher war ich wie verzaubert.

Erst habe ich den Inhalt zu Hause erzählt, mit den entsprechenden Gesten dazu, danach lief ich noch am selben Abend zu Nachbarn, mit denen wir viel verkehrten und berichtete dort von meinem großen Erlebnis. Vielleicht haben sich durch das Erzählen die Bilder des Films so tief eingeprägt.

In dem Film ging es um den Komponisten Franz Schubert. Noch heute sehe ich ihn vor mir, wie er, in des Dorfschulmeisters Töchterlein verliebt, wie im Traum Noten statt Zahlen an die Tafel malte und wie so die Melodie zu dem Lied „Sah ein Knab ein Röslein stehn" entstand.

Lernen und Lehren, das stand unsichtbar über den Jahren meiner Arbeit an den Mädchen der Pflegevorschule. In der Schar, die ich dort um mich hatte, gab es nicht wenige, die noch echt begeisterungsfähig waren.

Die Eigenschaft ist nicht identisch mit Wissensdurst, aber es ist wunderschön, wenn sie beide in einem unverbrauchten und unverdorbenen Jugendlichen leben. Ich weiß, es sind Ausnahmen. Aber weil ich solche jungen Menschen kennengelernt habe und sie als frühlingsfrisch empfand, tun mir alle die Jugendlichen bitter leid, die mit zwanzig Jahren schon Greise sind.

Eine Moslemin wird Christin

Geistliche Wunder geschehen auch heute noch, solche, die an die Bekehrung des Saulus von Tarsus erinnern.

Sie heißt Nahed und ist eine Asylbewerberin, die seit einigen Jahren in den Niederlanden lebt. Nach einem pädagogischen Studium in Kairo wird sie in der Stadt Leiterin einer Schule mit etwa zweitausend Schülern.

Sie ist überzeugte Moslemin, haßt die Christen. Unter ihren Kollegen und Schülern gibt es immer einige. Sie macht ihnen Schwierigkeiten, wo sie nur kann.

Dann bekommt sie eines Tages eine neue Sekretärin. Auch sie ist eine Christin, redet nicht viel, lebt ihren Glauben aber in der Liebe aus.

Nahed gerät in Verwunderung, wird neugierig, fragt die Frau um das Geheimnis ihres Lebens. Die Antwort lautet: „Jesus“. Nahed will ihn kennenlernen, liest die Bibel und kommt zum Glauben an Jesus Christus.

Ihr Gesinnungswandel bleibt nicht verborgen, führt zu Schwierigkeiten. Sie gerät ins Kreuzfeuer der Kritik, wird bedroht, muß um polizeilichen Schutz bitten und verläßt schließlich das Land.

Heute lebt sie, die einst in den höchsten Kreisen ihrer Heimatstadt verkehrte, in aller Stille im fremden Land. Sie ist missionarisch tätig, versucht Moslems für das Evangelium zu gewinnen.

Der Name über alle Namen hat ihr Leben völlig verwandelt.

Der Rhythmus der Gnade

Irgendwo las ich den Satz: „Tiefe Freude und tiefe Verlassenheit lösen einander ab nach dem Rhythmus der Gnade".

Das traf mich.

Leiden, Einsamkeit, Verlassenheit auch als Gnade zu erkennen, dazu bedarf es einer inneren Zustimmung zu den verborgenen Wegen Gottes. „Leidensgnade" - ein oft gehörtes Wort. Wer es sich zueigen macht, wird gesegnet.

Es gibt verschiedene Arten von Gnade. Pastor Deitenbeck sprach gern von der "Einflußgnade". Die sollten wir uns auch erbitten.

Freundschaft

Freundschaft ist ein Geschenk, von dem der Mensch häufig überrascht wird. Es ist ein Glücksfall, der einen staunen läßt.

Manche Menschen sehnen sich danach, in dieser Weise beschenkt zu werden und fragen: „Kann man gar nichts dazu tun, das Geschenk zu bekommen?" Ich denke, doch. Eine gewisse Zuverlässigkeit in den menschlichen Beziehungen gehört dazu, wenn man eines anderen Freund sein will. Und vor allem die Fähigkeit, sich für einen anderen Menschen wirklich zu interessieren. Wer das nicht kann, hält keine Freundschaft durch.

Altersstraurigkeit

Wer sie kennt, braucht nicht zu fragen, woher sie kommt. Allerdings ist es schwer, Gefühle zu definieren.

Der sich nahende Tod spielt dabei sicher eine Rolle. Sie sagen, dieser unheimliche Geselle habe uns immer begleitet, ein ganzes Leben lang. Aber dessen waren wir uns nicht bewußt. Doch nun wird der Gedanke an den Tod realistischer.

Wieviele Jahre noch?

Als Christen sind wir Menschen der Hoffnung. Die Auferstehung Jesu und seine Worte schenken uns die Gewißheit des ewigen Lebens. Darüber freuen wir uns.

Doch nicht immer leuchtet diese Hoffnung hell vor uns auf. Es gibt Stunden der Anfechtung. Da sehen wir den Tod als den grausamen Zerstörer, der uns von allem trennt, was uns lieb ist. Abschiednehmen! Viele Abschiede haben wir erlebt, solche, die uns wehmütig stimmten, aber auch solche, die schmerzten, weil sie endgültig waren.

Nun steht der große Abschied bevor, der letzte.

Ist man lebenssatt? Eigentlich nicht. Noch immer gibt es soviel Interessantes, Faszinierendes. Auch ist einem der Dienst der Fürbitte wichtig.

An Erinnerungen mangelt es nicht. Wie Mückenschwärme umgeben sie einen von Zeit zu Zeit. Viele lassen uns dankbar sein, andere machen auch traurig. Rückblickend war doch vieles unvollkommen, fehlerhaft, sündig.

Wie gut, daß man um die Vergebung weiß, um die Liebe Gottes. In ihr ist man aufgehoben - mit seiner Dankbarkeit und seiner Traurigkeit.

Wie man das Leben nicht meistert

In „Don Quichotte“, dem Hauptwerk des spanischen Dichters Cervantes, findet sich folgende Begebenheit: Don Quichotte, der noch ganz im Traum seiner Ritterromantik lebt, will die neue Zeit nicht wahrhaben. Einmal reitet er mit seinem Knecht Sancho über Land. Er ist schwer bewaffnet und auf alle Abenteuer gefaßt.

Die beiden nähern sich einem Hügel, auf dem sich Windmühlen drehen. Derartiges ist Don Quichotte noch niemals begegnet. Er sieht in den Windmühlen Riesen und rüstet sich zum Kampf. Vergeblich versucht sein Knappe, ihn über den wahren Sachverhalt aufzuklären. Sein Herr glaubt ihm nicht. Der faßt den Schild fester, legt die Lanze an und gibt seinem Pferd die Sporen. Da gerät er unter die sich drehenden Flügel der Mühle. Seine Lanze zerbricht, der Schild fliegt weg, und der Ritter kugelt über den Acker.

Diese Geschichte, an der Kinder und Erwachsene ihren Spaß haben, enthält einen ernsten Wahrheitskern. Sie sagt uns: Es bringt nichts, wenn man die Realitäten des Lebens ignoriert und in einer eingebildeten Welt lebt. So meistert man das Leben nicht.

Aber wir heutigen nüchternen Menschen des zwanzigsten Jahrhunderts, wir stehen doch auf dem Boden der Tatsachen und sehen das Leben so, wie es in Wirklichkeit ist - oder? Ich bin mir da nicht so sicher.

Mir steht eine Bekannte vor Augen. Nennen wir sie Frau Müller. Sie befindet sich zur Zeit in einer tiefen Verzweiflung. Ihr Mann hat sie verlassen und ist zu einer anderen Frau gezogen. Sie war auf diesen Schlag nicht vorbereitet. Wie mir scheint, hat sie bisher wenig über ihre Ehe nachgedacht. Sie kaufte statt dessen wöchentlich zwei Illustrierte und war zu jeder Zeit über die europäischen Fürstenhäuser bestens informiert.

Menschen versuchen die Realitäten ihres Lebens zu vergessen, indem sie in die Scheinwelt der Sensationen flüchten oder zum Alkohol greifen oder zu anderen Drogen. Unsere Zeit bietet viele Fluchtmöglichkeiten. Viele von ihnen haben klingende Namen wie Selbstfindung, Esoterik, Einswerden mit dem Kosmos und so weiter.

Doch der, der vor seinen Problemen flieht und sie zu verdrängen versucht, findet keine echte Hilfe. Die Schwierigkeiten holen ihn wieder ein.

Wo finden Menschen echte Hilfe? Da, wo sie bereit sind, bei der Aufarbeitung der Probleme ihre eigene Schuld zu erkennen und Jesus Christus um Vergebung und Hilfe zu bitten. Er lehrt uns, wirklichkeitsnah zu leben und dennoch getrost zu sein.

Vom Warten

Wir sahen auf dem Fernsehschirm Samuel Bekett's „Warten auf Godot". In diesem absurden Theaterstück geschieht nichts. Nur das Warten dreier Männer wird geschildert. Doch der unruhigmachende Zustand des Wartens wird so einprägsam dargestellt, daß man das Stück so bald nicht wieder vergißt.

Lebensfragen werden wach: Warten wir Menschen nicht immer auf irgendetwas? Ist das Leben von der Wiege bis zum Grabe nicht eine unbewußte Wartezeit? Ist Sehnsucht nicht dem Warten gleichzusetzen?

In aufgewühlten Stunden denke ich manchmal an Robinson Crusoe, den Mann auf der unbewohnten Insel, der jeden seiner vielen Wartetage mit der Hoffnung begann: Heute wird ein Schiff am Horizont auftauchen. Es wird das Schiff sein, das mich aus meiner Einsamkeit erlöst. Beim Sinken der Sonne läßt er die Hand über den spähenden Augen wieder sinken: Auch heute kein Schiff.

Vielleicht warten wir auch noch immer, weil wir nicht erkennen, daß das, worauf wir warten, längst gekommen ist.

Wie jener Mann, der seinen Freund vom Bahnhof abholen wollte. Als er schon enttäuscht wieder fortgehen wollte, begegnete ihm der Freund. - Er war auf einem Nebengleis ausgestiegen.

Viele fromme Juden warten noch immer auf den Messias. Auf einer Israelreise trafen wir im Hotel in Jerusalem einen amerikanischen älteren Juden. Er mußte ziemlich wohlhabend sein, denn er wohnte schon geraume Zeit in diesem Hotel. Wir kamen mit ihm ins Gespräch. Er sagte, er sei aus Amerika gekommen, weil er sicher sei, daß es mit der Ankunft des Messias nicht mehr lange dauern werde. Er wollte ihn im Land seiner Väter empfangen.

Ein anderer Jude sagte nachdenklich: „Vielleicht ist es derselbe Herr, auf den wir und auf den Sie warten.“ Warten wir Christen noch auf den wiederkommenden Herrn?

Ich bin so froh, daß unser Warten ein tätiges Warten sein darf. „Handelt, bis ich wiederkomme.“ Wir können auch Wartende sein, ohne in Spekulationen zu verfallen. Laßt uns mithelfen, daß Jesus, wenn er wiederkommt, Glauben auf Erden findet.

Der Wahrheit näher

Die alten Griechen waren große Liebhaber des Lebens. Sie priesen den glücklich, der noch unter der Sonne sein durfte. Dessen ungeachtet, haben sie sich auf eine eindrückliche Weise mit dem Tode beschäftigt.

Sie meinten, der Tod müsse seiner Machtstellung wegen ein Gott sein und nannten ihn Thanaos.

Sie glaubten aber auch, daß Gott zugleich ein Ort sei, den sie Hades nannten. Der Gott, der die Menschen aus dem Leben rufe, nehme sie bei sich auf.

Die Griechen glaubten an die Unsterblichkeit der Seele. Sie konnten sich nicht vorstellen, daß die Gestorbenen ins Nichts versänken. Sie meinten, ihnen sei ein neues Sein, wenn auch in anderer Form, zugedacht.

Diese Gedanken entsprechen nicht dem christlichen Glauben. Sie verraten aber ein viel tieferes Verständnis als der krasse Diesseitsglaube unserer Zeit.

Der massive Unglaube, von dem unser Jahrhundert weitgehend geprägt ist, laßt die Menschen hinausposaunen: Mit dem Tode ist alles aus! Diese falsche Sicherheit ist verbunden mit innerer Leere und Hoffnungslosigkeit.

Wenn die alten Griechen auch noch nichts wußten von Jesus Christus, dem Todesüberwinder, so waren sie der Wahrheit doch näher als viele unserer Zeitgenossen. Das ist beschämend.

Es hat noch nie jemandem geschadet, über seinen Tod nachzudenken. Das sagt uns auch die Bibel: „Herr, lehre uns bedenken, daß wir sterben müssen, auf daß wir klug werden“ (Psalm 90,12).

Vor vielen Jahren las ich eine Betrachtung über dieses Thema.

Ein Schriftsteller sah das Leben so: An langen Tischen sitzen die Gäste und speisen. Auf einmal klopft es. Ein Nachbar versinkt mit seinem Stuhl. Der Boden schließt sich. Sofort wird ein neuer Stuhl hingestellt. Ein junger Mann nimmt dort Platz an der „Tafel des Lebens“. Dann wiederholt sich das schreckliche Klopfen - und wieder versinkt einer. Da fragt einer seinen Nachbarn: „Was ist denn hier los?“ Dieser hebt die Schultern: „Das gehört eben dazu!“

„Wohin versinken die Menschen?“ „Darüber zerbrechen wir uns nicht den Kopf.“ Während er noch redet, erneutes Klopfen, und auch er versinkt mit einem Schrei...

Weil Jesus Christus auferstanden ist, haben wir eine lebendige Hoffnung. Er spricht: „Wer an mich glaubt, der hat das ewige Leben."

Menschen, durch die ich gesegnet wurde

Ja, auch ich könnte von einigen berichten.
Drei von ihnen will ich mit Namen nennen:

Da war in meinem Heimatdorf die kranke Johanne Bollmann. Obwohl sie kaum einmal ihr Bett verlassen konnte, war sie ein fröhlicher Christenmensch. Sie bekam viel Besuch. In aller Stille übte sie ihre Seelsorge aus und betete für die Menschen.

Wenn ich ihr beichtete, daß es mir im Glaubensleben noch in mancher Weise mangele, konnte sie sagen: „Ach, weißt du, wenn du jeden Tag um den Heiligen Geist betest, dann kommt das schon alles zurecht."

Im Mutterhaus in Bethel war es Pastor Erich Meier, der mir in seinen Stunden viel gegeben hat. Seine fundierten Bibelarbeiten halfen mir innerlich weiter, und seine Äußerungen über gelebten Glauben, die oft von echtem Humor zeugten, waren mir wichtig und prägten sich ein. Als wir zum Beispiel einmal über die verschiedenen Frömmigkeitsformen sprachen, sagte er: „Für die beste Prägung eines Christen halte ich einen gesunden Pietismus mit einem Schuß Luthertum."

Oft gab es in seinen Stunden wegen seines Humors ein fröhliches Auflachen. An einem kalten Wintermorgen kam er händereibend in den Raum und murmelte dabei:

„Ja, es ist schlimm, wenn ein Pastor kein Fingerspitzengefühl hat!"

In Lüdenscheid habe ich mit Pastor Deitenbeck zusammengearbeit. Das waren gesegnete Jahre. Noch heute sind wir freundschaftlich miteinander verbunden. Von seinem großen Wissen und seiner biblisch gegründeten Theologie habe ich viel gelernt. Die Bruderliebe, die sich in der Freundlichkeit und Aufmerksamkeit nach unten äußert, hat er uns vorgelebt. Dafür bin ich ihm dankbar.

Publikum sein

Eine der tausend Möglichkeiten aufmerksamer Nächstenliebe kann darin bestehen, daß ich „Publikum" bin für einen Menschen, der etwas darbieten will. Immer wieder entsteht eine Situation, in der ein Zuhörer dringend gebraucht wird.

Da ist das kleine Mädchen, das nach langem Üben sein kleines Klavierstück fehlerfrei spielen kann. Ein geduldiges Zuhören, ein kleines Lob - und die kleine Künstlerin ist glücklich.

Ein anderes Kind hat für die Oma ein Bild gemalt. Beide verdienen Beachtung, das Kind und das Bild, denn es steckt viel Mühe darin.

Ein befreundeter Mensch durfte eine schöne Reise unternehmen. Er würde brennend gern davon erzählen, fände er nur den rechten Zuhörer. Auch die vielen Menschen, die eine kreative Begabung haben und für die Basare in den Gemeinden wunderschöne Sachen herstellen und anfertigen. . .

Sie brauchen Leute, die sich dafür interessieren, sie schön finden und sie würdigen. Das hat absolut nichts mit Eitelkeit oder Angeberei zu tun, sondern mit Ermutigung und Anerkennung, die wir alle brauchen, weil wir Menschen sind.

„Freuet euch mit den Fröhlichen“ ist ein Bibelwort, das wir viel zu wenig beachten. Es könnte auch heißen: Freuet euch mit denen, denen etwas Gutes und Schönes gelungen ist.

Wir müssen loslassen

Als Alexander der Große auf dem Sterbebett lag, befahl er den Umstehenden, bei seiner Beerdigung allen Leuten seine leeren Hände zu zeigen. Er wollte damit demonstrieren, daß auch er, der Welteroberer, nichts von dieser Erde mitnehmen könne.

Deshalb lehrt uns auch Hiob, wenn er sagt: Nackt bin ich von meiner Mutter Leib gekommen, nackt werde ich zur Grube fahren.

Es ist eigentlich verwunderlich, daß eine so allgemein bekannte Weisheit, eine „Binsenweisheit“, so wenig praktische Auswirkungen hat. Die Geldgier, durch die der Teufel so viele verführt, muß doch wohl ein besonders gutes Arbeitsmaterial in der Hand des Bösen sein.

Aber müssen wir uns nicht auch fragen: Warum halten wir manche Dinge so krampfhaft fest, obwohl wir doch wissen, daß wir einmal alles loslassen müssen?

Schwermut und Lebensfreude

Schwermut und überschäumende Lebensfreude können in einem Menschenleben nahe beieinander liegen.

In Wien steht ein Denkmal für Johann Strauß, den Komponisten des berühmten Walzers „An der schönen blauen Donau". Es zeigt einen fröhlichen Dirigenten mit der Geige in der Hand und von schönen Frauen umgeben. Wer das Denkmal betrachtet, sollte den Komponisten zu seinen Lebzeiten für ein besonderes Glückskind halten.

Die Wirklichkeit sah anders aus. Die heitere, beschwingte Musik dieses Mannes entstand vor einem düsteren Hintergrund. Immer wieder verfiel er einer tiefen Depression. Von Gedanken an den Tod verfolgt, flüchtete er sich in die Einsamkeit. Er schloß sich ein und war oft für längere Zeit auch für seine besten Freunde nicht zu erreichen.

Danach folgten wieder Wochen großer Betriebsamkeit und mitreißender Fröhlichkeit, in der er sein Orchester anfeuerte, seine heitere Musik zu spielen. Seine Umgebung gewöhnte sich allmählich an diesen Zustand.

Was aber mag in der Seele dieses Mannes vor sich gegangen sein? Wie konnte er diese Spannung zwischen Melancholie und Ausgelassenheit aushalten? Das läßt sich nur ahnen.

Eine unvergeßliche Lektion

John Heyde, der durch seinen Gebetsgeist und die Erweckungen, die Gott ihm schenkte, bekannt wurde, pflegte manchmal von einer unvergeßlichen Lektion zu erzählen, die ihm Gott einmal erteilt hatte.

Heyde war in die Berge gefahren. Er hatte sich vorgenommen, dort besonders intensiv für einen Prediger zu beten, der ihm Not machte.

Als er nun einmal sein Gebet einleitete mit den Worten: „Herr, du weißt, wie kalt dieser Bruder ist", war es ihm plötzlich, als riefe ihm jemand ein Halt zu, und eine Stimme sagte vorwurfsvoll: „Wer ihn antastet, der tastet meinen Augapfel an."

Über Heyde kam große Angst. Er rief Gott um Vergebung an und bat: „Vater im Himmel, zeige mir doch, was gut und lieb an dem Bruder ist."

Sein Gebet wurde erhört. Ihm fiel manches Positive ein, zum Beispiel die große Dienstbereitschaft des Bruders und anderes mehr.

Über die Taten Gottes darf nicht geschwiegen werden

Vor nicht allzu langer Zeit wurde, anläßlich eines Gedenkjahres, wieder viel über Charley Chaplin gesprochen und geschrieben. Dieser große Star aus der Zeit des Stummfilms hatte eine sehr traurige Kindheit und Jugend. In einer Fernsehsendung wurde ausführlich darüber berichtet.

Sein Vater hat sich zu Tode getrunken. Seine Mutter, durch all das Elend geisteskrank geworden, wurde in eine Anstalt eingeliefert. Der kleine Charley kam in ein Waisenhaus, in dem es wenig zu Essen aber viele Schläge gab. Einmal lief der Junge fort, wurde aber nachts auf der Straße von der Polizei gefunden und wieder zurückgebracht.

Eins aber wurde uns in der Sendung vorenthalten, das, was der Künstler später „das Gegengewicht" genannt hat. Am Sonntagnachmittag durfte er mit den anderen in die Kinderstunde der Heilsarmee gehen. „Joly Hour" hieß die Stunde, und es war wirklich eine Stunde der Freude und des Friedens. Es wurde eine biblische Geschichte erzählt, und es gab Musik, Lieder und Spiele.

Jahre später ist Charley Chaplin noch einmal zurückgekehrt in den alten kleinen Saal in Kennington Land. Er hat dem Korpsoffizier seine Geschichte erzählt und sich bedankt für die hellen Stunden seiner Kindheit, die Licht und Wärme in sein dunkles Dasein gebracht haben.

Ich fragte mich wieder einmal: Warum verschweigen die Medien so oft das Positive, den guten Einfluß, der in der Welt durch Christen ausgeübt wird? Fast nie oder doch nur höchst selten ist in der Zeitung etwas davon zu lesen, daß auch heute noch durch den Glauben an Jesus Christus Menschen und Verhältnisse geändert werden. Ist es verwunderlich, daß der Teufel, den Jesus den Fürsten dieser Welt nennt, solche Nachrichten zu unterbinden sucht?

Da hat vor Jahren die Stadt Düsseldorf groß Heinrich Heine gefeiert, aber kein Wort darüber verlauten lassen, daß der Dichter sich auf seinem Sterbebett Gott zugewandt hat.

Heinrich Heine hat ein Gedicht hinterlassen, dessen erste Strophe lautet:

„Zerschlagen ist die alte Leier
am Felsen, welcher Christus heißt.
Die Leier, die zur bösen Feier
bewegt ward von dem bösen Geist.
Die Leier, die zum Aufruhr klang,
die Zweifel, Spott und Abfall sang.
O Herr, O Herr, ich knie nieder,
vergib, vergib mir meine Lieder."

Viele Gegenbeispiele des Verschweigens von Gottes großen Taten finden wir in den Psalmen. Die Beter und Sänger werden nicht müde, zum Lobe des Höchsten aufzurufen. „Singt dem Herrn ein neues Lied, denn er tut Wunder."

Friedrich von Bodelschwingh

In einem Brief von Friedrich von Bodelschwingh aus dem Jahre 1864 las ich über einen Beschluß der Pariser Bibelgesellschaft, der Aufsehen erregte. Von Bodelschwingh stand damals in Paris in einem missionarischen Dienst an deutschen Auswanderern.

Er berichtet in dem Brief davon, daß die Bibelgesellschaft mit Stimmenmehrheit beschlossen habe, in Zukunft auch solche Bibeln zu verbreiten, in denen alle Texte, die von der Gottessohnschaft Jesu Christi handeln, entfernt seien. Die Gemeinden, die solche Bibeln wünschten, könnten sie hinfort bekommen.

Die unterlegene Minderheit sei darauf aus der Bibelgesellschaft ausgetreten. Bis auf den heutigen Tag muß wohl dem Satan besonders viel daran liegen, die Menschen davon zu überzeugen, daß Jesus eben auch nur ein Mensch gewesen war.

Ich las auch Bodelschwinghs Notizen über das Sterben von vier seiner Kinder. Helmut Thielicke hat recht, wenn er schreibt: „Beeindruckend ist das „Wie" des Berichtes." Kein Wort der Bitterkeit in diesem Schreiben, keine Klage, keine Anschuldigungen an die Adresse von Gott. Der schwergeprüfte Vater bereitet seine Kinder auf die Ewigkeit vor - und die Mutter der Kinder hilft ihm dabei. Ein verhaltener Schmerz, überstrahlt vom Licht der Ewigkeit. Welch eine Kraft des Glaubens verbirgt sich dahinter!

Sein Kreuz trägt unsere Kreuze

In einem Freizeitheim hing ein Kreuz, das sich von anderen auffallend unterschied.

Ein Missionar hatte es aus Neu-Guinea mitgebracht. Er bekam es als ein Zeichen der Dankbarkeit von Papua-Christen geschenkt. Der Missionar berichtete, daß die Großeltern dieser Christen noch Steinzeitmenschen gewesen seien, die unvorstellbar grausam miteinander umgegangen seien.

Vor knapp 70 Jahren waren die ersten Missionare zu ihnen gekommen, und nun schnitzten sie Kreuze, bauten Kirchen und malten Altarbilder.

Das Besondere des Kreuzes, das dort an der Wand hing, war folgendes: Auf dem Querbalken ruhten zwei kleinere Kreuze. Was mochte das zu bedeuten haben?

Ich erfuhr es von einem, der die Papuas besuchte und danach gefragt hatte: „Weißt du denn nicht, daß Jesu Kreuz unsere Kreuze trägt?“, bekam er als Antwort zu hören. Ein Satz, der nachdenklich macht.

Mir fiel die Geschichte eines Mannes ein, der in der Hitlerzeit seines Glaubens wegen im Gefängnis war. In seiner Zelle hatte einer, der vor ihm dort gewesen war, mit seinem Fingernagel ein Kreuz in die Wand eingeritzt. Dieses kleine Kreuz habe ihm großen Trost gegeben, erzählte er.

Angelus Silesius

In einer Freizeit hatte ich ein schönes Erlebnis. Ein älterer Christ zitierte einige Male Angelus Silesius. Als ich ihn fragte, ob er noch mehr Sprüche dieses bekannten Mystikers auswendig wisse, sprudelten sie nur so aus ihm heraus. Ich wußte auch einige, und so wurde ein fröhliches Wetteifern im Sprücheaufsagen daraus, was uns beiden Freude machte.

Drei dieser Sinnsprüche des Dichters, der ja eigentlich Johann Scheffler hieß, will ich hier wiedergeben:

„Mensch, so du etwas bist,
so bleib doch gar nicht stehen.
Du mußt aus einem Licht
fort in das andre gehen.

Der nächste Weg zu Gott
führt durch der Liebe Tür,
der Weg der Wissenschaft
bringt dich nur langsam für.

Und wäre Christus tausendmal
in Bethlehem geboren
und einmal nicht in dir,
du gingst dadurch verloren.“

Vielleicht ein bißchen harken?

Im Gemeindehaus fand im Kreis junger Erwachsener ein Bibelgespräch statt. Der Leiter sprach anhand eines Textes aus der Offenbarung über den neuen Himmel und die neue Erde. Abschließend konnten Fragen gestellt werden. Zuerst brachte ein junger Mann einen Einwand vor: „Wie sollen denn nach der Auferstehung alle Menschen auf der Erde Platz haben?“

Ein Mädchen warf ein: „Es heißt doch: ‘Und das Meer ist nicht mehr.’ Wenn es die großen Weltmeere nicht mehr gibt, dürfte das wohl kein Problem sein.“

Nun kam einer mit der Frage, ob auf der neuen Erde

auch noch gearbeitet werden müsse. Da meldeten sich gleich mehrere zu Wort. Sie alle fanden, daß ein Himmel oder eine neue Erde ohne Arbeit kein Paradies sei, man könne doch schließlich nicht den ganzen Tag singen und beten. Die Diskussion spitzte sich zu auf die Frage: Ist Arbeit Fluch oder Segen?

An dieser Stelle meldete sich Peter, einer der Jüngsten, und sagte versonnen: „Ich denke, wenn man nach der Auferstehung ein Stück Land hat, braucht man darauf nicht mehr so schwer zu schuften, sondern vielleicht nur noch ein bißchen harken."

Alles lachte. Der Jugendleiter aber fand, daß Peter den Nagel auf den Kopf getroffen habe. „Ein bißchen harken", das ist ein guter Ausdruck für eine Arbeit, die einem Freude macht.

Arbeit - Fluch oder Segen? Der Auftrag des Schöpfers an den Menschen, sich „die Erde untertan zu machen", steht am Anfang. Diese Arbeit beinhaltet die maximale Ausschöpfung aller menschlichen Gaben und die sich daraus ergebenden Möglichkeiten. Der Befehl des Schöpfers meinte aber, daß alles zu seiner Ehre geschehen solle. Zur Ehre Gottes arbeiten bedeutet, friedlich und menschlich miteinander zu leben.

Durch die Vertreibung aus dem Paradies hat sich die Arbeit des Menschen verändert und auch seine Haltung dazu. Sein Acker ist steinig und dornig geworden. Es gehört zu den Merkmalen der gefallenen Welt, daß hart, mühsam und häufig vergeblich gearbeitet werden muß.

Wir können nicht mehr nur da arbeiten, wo es uns Spaß macht.

Täten wir es, würden wir zu Müßiggängern und Randfiguren werden, aber auch die Möglichkeiten zur Charakterbildung versäumen, die diese Welt der Widerstände von uns fordert. Nur in der Anstrengung und im Durchhalten erfahren wir unsere Grenzen und Möglichkeiten.

Des Büchermachens ist kein Ende

Ein Ausspruch vom weisen König Salomo: „Des Büchermachens ist kein Ende." Eigentlich unbegreiflich. Was würde er heute sagen? Die Flut der Neuerscheinungen schwillt an. Von Jahr zu Jahr werden es mehr Bücher.

Sollten da nicht nur noch die „zur Feder greifen", die Einmaliges und Einzigartiges zu sagen haben?

Längst ist Büchermachen ein Geschäft geworden, in dem als wichtiger und notwendiger Grundsatz die Frage gilt: Was verkauft sich gut?

Und doch dürfen gerade die christlichen Verleger den Mut nicht verlieren und müssen weiterhin gute Bücher auf den Markt bringen.

Die Welt braucht Schrifttum, das sich am Evangelium orientiert.

Schriftworte, die Menschen begleiten

Häufig habe ich folgendes erlebt:

Ich gab in meinem Dienst, zum Beispiel bei der Kranken- und Altenpflege, ein Bibelwort weiter und bekam als Antwort: „Denken Sie nur, das ist mein Konfirmationsspruch", oder: „Das war unser Trauspruch".

Schriftworte, die Menschen durch ihr Leben begleiten! Man sollte das nicht gering einschätzen. Es kann ein heimlicher Segen darin liegen.

Bei meiner Einsegnung zur Diakonisse lautete der Predigttext: „Die den Herrn liebhaben, müssen sein, wie die Sonne aufgeht in ihrer Macht" (Richter 5, 31).

Für mich und sicher auch für meine Mitschwestern ein unvergeßliches Wort, - richtungsweisend, aber auch unaufhörlich mahnend und fragend.

Im Unterliegen gesiegt

Wir sind im Urlaub und besuchen an einem Tag eine alte romanische Kapelle. Wir sind ganz allein in dem ehrwürdigen Raum. Eine tiefe Stille umgibt uns. Langsam gehen wir auf den Altar zu und sehen dort einen Christus am Kreuz, der eine Königskrone statt einer Dornenkrone trägt und uns mit offenen Augen anschaut. Das frühe Mittelalter betonte im Gegensatz zu den späteren gotischen Kreuzigungsbildern - wie zum Beispiel beim Isenheimer Altar - eher das Sieghafte des Gekreuzigten. Damit sollte zum Ausdruck kommen: Der leidende Heiland ist dennoch ein König, einer, der im Unterliegen den Sieg davontrug.

Die über die vielen Jahre dunkel gewordene alte Holzschnitzerei beeindruckte uns. Da waren die Augen des Gekreuzigten. Es waren nicht die Augen dessen, von dem es in der Offenbarung des Johannes heißt, daß vor seinem Angesicht die Erde und der Himmel fliehen (Offb. 20,11), sondern die Augen eines, der alle Not und alle Krankheit, alle Schwermut und alles Leid der Menschen bis in die tiefste Tiefe erkannt hat. Von ihm wird gesagt, daß „ihn jammerte, da er das Volk sah, denn sie waren verschmachtet und zerstreut wie die Schafe, die keinen Hirten haben“ (Matth. 9,36). Das Haupt des leidenden Christus, der dem Tode entgegensieht, ist nicht gesenkt, nicht sehr vom Schmerz gezeichnet. Und doch - wer kann diese Gestalt anders betrachten als mit dem Dichter zu fragen: „Herzliebster Jesu, was hast du verbrochen, daß man ein solch scharf Urteil hat gesprochen? Was ist die Schuld, in was für Missetaten bist du geraten?“

Wir sollten nicht nur in der Passionszeit über den Sinn des Kreuzes Jesu nachdenken. Immer dann, wenn wir uns ihm hörend, fragend und hilfesuchend zuwenden, werden wir getröstet und mit neuer Zuversicht beschenkt. Auch erfahren wir vor dem Kreuz, daß selbst das eigene Leid einen Sinn hat.

Der romanischen Darstellung dürfen wir noch eine besondere Botschaft entnehmen: Auch in der Karwoche („Kara“ ist ein altes deutsches Wort für Trauer und Klage) dürfen wir daran denken, daß Gott seinen Sohn vom Tode erweckt hat. Kreuz und Ostersieg gehören zusammen. Wir sollten auch auf den hellen Schein sehen, der von der Schrift des Alten Testamentes her auf das Leiden und Sterben des Gottessohnes fällt, etwa in Jesaja 53. Jesus hat die Emmausjünger daran erinnert: „Mußte nicht Christus das alles leiden und zur Herrlichkeit erhoben werden?“

„Nun in heil’gem Stilleschweigen
stehen wir auf Golgatha.
Tief und tiefer wir uns neigen
vor dem Wunder, das geschah.“
(Friedrich von Bodelschwingh)

Übersinnliche Dinge

Übersinnliche Dinge finden heute das Interesse vieler Menschen. Das Wort „Parapsychologie“ ist längst populär.

Das Thema Okkultismus sei hier ausgeklammert. Daß der Feind auf dem Gebiet des Übersinnlichen besonders viel Macht ausübt, ist vielen unter uns längst deutlich geworden.

Ganz ungewollt bin ich in meinem Dienst zuweilen auf unerklärbare und unverstehbare Dinge gestoßen, von denen ich erzählen möchte.

Ich lernte eine Frau kennen, die mir erzählte, daß sie mit der schrecklichen “Gabe des zweiten Gesichts“ behaftet sei, wie sie es ausdrückte.

Sie habe in ihrem Leben oft Dinge vorausgesehen, die

dann auch eingetroffen seien. Einmal berichtete sie mir im Beisein ihrer Schwiegertochter von der Vorausschau eines Leichenzuges, der sich durch ihre Straße bewegt habe. Beide Frauen standen am Fenster, die Ältere konnte die Situation genau beschreiben: „Da steht ein Lieferwagen, der muß den Weg freigeben. Jetzt fährt er in einen Seitenweg." Die jüngere Frau sah nichts, vergaß aber nicht die Einzelheiten des Berichtes.

Eine Woche später standen beide Frauen wieder am Fenster, und nun spielte sich in Wirklichkeit alles genau so ab, wie es zuvor beschrieben worden war.

Frau M. erzählte mir, daß sie im Ersten Weltkrieg zu einer bestimmten Stunde von einer ganz unerklärlichen Angst befallen worden sei. Sie habe sich zurückgezogen, sei auf ihre Knie gefallen und habe zu Gott geschrien. Später habe sich herausgestellt, daß in jener bangen Stunde ihr Mann in Frankreich gefallen sei.

Eine andere Frau hatte im Zweiten Weltkrieg drei Söhne an der Front.

In einer Nacht sah die Mutter im Traum ihren jüngsten Sohn. Er war in ein Zelttuch eingewickelt und wurde einen Hügel hinabgetragen. Von den Dreien kam nur dieser Sohn aus dem mörderischen Krieg zurück. Er schilderte die äußeren Umstände seiner Verwundung genauso, wie seine Mutter sie im Traum gesehen hatte.

Kants Wort ist bekannt: „Es gibt viele Dinge zwischen Himmel und Erde, von denen sich unsere Schulweisheit nichts träumen läßt."

Gewiß ist, daß sich viele Dinge nicht einfach mit einer Handbewegung wegschieben lassen, auch wenn wir sie nicht verstehen. Andererseits sollte man ihnen auch nicht zuviel Bedeutung beimessen.

Aber zu sagen: „Ich glaube nur, was ich sehe", das scheint mir doch sehr oberflächlich zu sein.

Wie Bilder helfen können

Das Museum für Kirchliche Kunst in Utrecht hat ein neues Bild erworben. Eine Zeitungsnotiz macht darauf aufmerksam.

Das Gemälde stammt von J. A. Belevois. Es stellt den Kirchenvater Augustin im Gespräch mit einem Kind dar. Wahrscheinlich geht es dabei um die bekannte Legende aus dem Leben des Heiligen: Augustin hatte lange über das Geheimnis der Dreieinigkeit nachgedacht. Sein Grübeln führte zu keinem Ziel. Er bekümmerte sich darüber. Eines Tages ging er am Meer entlang. Da sah er ein Kind, das damit beschäftigt war, das Meerwasser mit Hilfe einer Muschel in eine selbstgegrabene Kuhle zu leiten. Über das Gesicht des Kirchenvaters ging ein Lächeln. Das Kind aber sah ihn an und sagte: „Es ist leichter, das Meer mit einer Muschel zu leeren, als die Dreieinigkeit Gottes zu begreifen." Danach entfernte sich das Kind.

Diese Legende will sagen: Gottes Geheimnisse entziehen sich unserem Denkvermögen. Wir kommen ihnen nur durch Anbetung näher.

Bilder können hilfreich sein: Da hält jemand ein Prisma aus feingeschliffenem Glas in der Hand. Vor ihm auf dem Tisch liegt ein Stück Papier. Wenn die Sonnenstrahlen auf das Prisma fallen, werden sie in vielfacher Weise gebrochen. Sie zeichnen farbige Streifen auf das Papier. Nun wird ein Käfer auf das Blatt gesetzt. Wenn er zu kriechen beginnt, wird er zeitweise in rote, blaue oder gelbe Farbe getaucht. Faszinierend! Dabei ist es immer dasselbe Licht, das den Käfer bescheint.

Mir persönlich ist es eine Hilfe, in allen drei Gestalten der Dreieinigkeit die gleiche Gnade Gottes zu sehen:

Der Vater als der schenkende Gott, der so wunderbar in seinen Werken ist und auch seine Menschenkinder mit reichen Gaben beschenkt.

Gott, Sohn, der uns aus Barmherzigkeit errettet von der Macht des Teufels und des Todes.

Gott, heiliger Geist, der uns die Augen des Glaubens öffnet und den Vater und den Sohn verherrlicht.

In dem Wort Gnade liegt alles beschlossen, was das Menschenherz braucht, um zur Ruhe zu kommen.

Im Van Gogh-Museum

Ein Besuch im Vincent van Gogh-Museum in Amsterdam macht mir immer wieder große Freude. Ich liebe diesen sonnenseligen Maler. Seine Landschaftsbilder mit den weiten goldenen Kornfeldern, seine verschiedenen Sonnenblumenbilder sind ein Loblied auf die Sonne und letztlich auf den Schöpfer.

Als er in Arles in Südfrankreich lebte, arbeitete er ganze Tage lang draußen. Seine Bilder mit den turbulenten Sonnenrädern und feurigen Zypressen reden davon. Es ist, als habe er sich damals eingehüllt gefühlt in einen Mantel von Licht und Schönheit.

Van Gogh hat aber nicht nur die sonnenüberfluteten Landschaften geliebt, sondern auch die Menschen. An seinen Bruder Theo schrieb er einmal: „Mancher hat ein großes Feuer in seiner Seele, und es kommt keiner, sich daran zu wärmen, und die Vorübergehenden gewahren oft nur einen kleinen Rauch über dem Schornstein, und sie gehen ihres Weges von dannen!"

Wenn ich mir die hintergründigen Gesichter der Menschen auf den Bildern des Malers betrachte, spüre ich etwas von seiner Liebe zu den Menschen.

Immer ist dann auch eine leise Traurigkeit in mir. Warum haben seine Zeitgenossen den Künstler nicht besser verstanden? Warum hatten die meisten von ihnen nur Hohn und Spott für ihn übrig?

Van Gogh war so ungeheuer fleißig, um seine künstlerischen Bilderideen zu gestalten, und er fand doch kaum ein Echo.

Nur eines ist tröstlich: Sein Bruder Theo hat ihn mit seiner geduldigen Liebe immer wieder aufgerichtet, hat ihm Hoffnung gegeben und wenigstens etwas Helligkeit in sein Leben gebracht.

Delft

Unter den holländischen Städten, die mir besonders gut gefallen, will ich das geschichtsreiche Delft nennen.

Der große viereckige Marktplatz ist begrenzt durch das Rathaus und die Neue Kirche mit ihrem 109 Meter hohen Turm.

Beim Besuch der Kirche spürt man etwas von der Ehrfurcht der Niederländer vor ihrer Geschichte. Hier sind die Mitglieder der königlichen Familie begraben.

In den Straßen finden wir viele Läden mit dem kostbaren Porzellan in „Delfter Blau".

Die geradlinigen Grachten sind mit vielen weißgestrichenen Holzbrücken überspannt, von denen es in Delft 72 geben soll.

Wandert man durch diese schöne alte Stadt, kann es geschehen, daß man sich zurückversetzt fühlt ins 17. Jahrhundert. Bilder von Pieter de Hoogh, Carel Fabritius und vor allem von Jan Vermeer fallen einem ein. Ob die musizierenden und briefeschreibenden Mädchen Vermeers in diesen alten Patrizierhäusern wohnten? Es wäre denkbar.

Ein Vorfrühlingstag

Heute habe ich einen Vorfrühlingstag erlebt, wie er im Buche steht: Blauer Himmel, warmer Sonnenschein. Beim Spaziergang fiel mir auf, daß viele junge Mütter mit ihren Kleinen unterwegs waren. Sie hatten ihre Kinder warm angezogen, kurz entschlossen in den Kinderwagen gepackt und schoben sie nun durch den Park. Endlich wieder ein warmer Sonnentag!

Mir schien, als ginge ein Aufatmen durch die ganze Natur. Ich dachte: Nun hast du schon so oft den Frühling erlebt, und noch immer begeistert er dich.

Ben Hur

Es ist erstaunlich, auf wieviele verschiedene Weisen Menschen zum Glauben an Jesus Christus kommen.

Jeder Christ hat seine ganz persönliche Geschichte.

General Lew Wallace war ein Atheist. Während einer Bahnfahrt traf er einen Bekannten, der auch ungläubig war. Die beiden Männer führten ein lebhaftes Gespräch über den „Unsinn des Christentums“.

General Wallace war begeistert von dem Rat seines Gesprächspartners: „Hören Sie mal, Sie sind intelligent und haben eine gute Ausbildung. Sie sollten ein Buch schreiben und darin beweisen, daß Jesus Christus niemals gelebt hat. Solch ein Buch könnte Sie berühmt machen.“

Das saß. Schon bald machte Wallace sich an die Arbeit. Der Ruhm lockte. Doch es geschah etwas, was er nicht erwartet hatte. Über seinen Studien wuchs mehr und mehr die Überzeugung in ihm, daß Jesus wirklich gelebt hatte. Die ersten vier Kapitel des Buches waren fertig, doch in der Seele des Verfassers hatte sich ein Wandel vollzogen. Er schrieb das Buch zu Ende, aber nun mit einer anderen Motivation.

So entstand der berühmte Roman „Ben Hur“, der später von Millionen Menschen auch als Film gesehen wurde und bis heute viele Zuschauer innerlich bewegt.

Auch heute geschehen noch Wunder

Was mir bei der Lyrik moderner Dichter auffällt?

Es fehlen in ihr Ehrfurcht und Staunen.

Gewiß, das Elend der Welt ist groß; wir werden nicht nur davon angerührt, sondern manchmal auch überwältigt.

Auch ist es Mode, daß der Dichter schwitzend seinen Pflug durch den Acker der Zeitprobleme zieht. „Heile Welt“ ist verpönt.

Wer es dagegen wagt, ab und zu noch mit hellen Farben zu malen, gerät schnell in den Verdacht, wirklichkeitsfremd zu sein.

Ich meine aber, daß der Mangel an Ehrfurcht und Staunen noch anders erklärt werden kann:

Viele Dichter glauben nicht mehr an Gott als den Schöpfer der Welt und haben deshalb das Sich-Verwundern verlernt. Dabei gibt es heute noch Wunder über Wunder. Sie nähern sich aber leise und scheu.

Wie schön hat es Hilde Domin gesagt: „Dem Wunder leise wie einem Vogel die Hand hinhalten.“

SCHNEEKRISTALLE

Ich habe über einen Mann gelesen, der fünfundzwanzig Jahre seines Lebens darangesetzt hatte, Schneeflocken zu studieren. Es war der Amerikaner Wilson Bentley. Er hatte sich ein Laboratorium bauen lassen, in dem winterliche Außentemperaturen herrschten. Auf kalten, schwarz gestrichenen Schiefertafeln wurden die Kristalle aufgefangen und fotografiert. Die Fotos wurden stark vergrößert und vermittelten einen Eindruck von der unerhörten Schönheit und Regelmäßigheit der kleinen Gebilde, die in der Natur in einem Augenblick zu Milliarden vom Himmel fallen.

Manche sehen aus wie mit höchster Sorgfalt hergestellte Häkeldeckchen aus feinem weißen Garn, andere wie Ordenssterne aus Silber und mit Brillanten besetzt.

Bentley hat sein Laboratorium zugleich als meteorologische Station ausgebaut. Temperatur, Luftdruck, Luftfeuchtigkeit, Windstärke und anderes werden gemessen. Bei der Erforschung der Schneestern-Photogramme wurden zugleich die Wetterfaktoren notiert.

Ein Phänomen, das uns nachdenklich machen sollte: Wir sind von Wundern umgeben. Wenn wir sie nur erkennen wollten!

„Schöpfung, das ist Entwicklung in Gott", soll ein großer Philosoph gesagt haben. Er muß zu denen gehört haben, denen die Wunder um uns her keine Selbstverständlichkeiten sind. Als er einmal mit einem Gottesleugner vor einer Kathedrale stand, soll er ausgerufen haben: „So wenig aus einem Berg von Ziegelsteinen von selbst dieses zum Himmel ragende Bauwerk mit seinen Kreuzblumen und seinem Maßwerk werden konnte, so wenig ist das kleinste Schneesternchen denkbar ohne den ordnenden Weltgeist, deren Ausdruck die Welt selbst ist mit allen ihren Formen."

AUGENTROST

Nie werde ich sie vergessen, unsere „Augentrost - Oma".

An einem schönen Urlaubstag im Kleinen Walsertal lernten wir sie kennen. Längst hatten wir auf unserer Wanderung die letzten Häuser des Dorfes hinter uns gelassen. Auf schmalem Pfad stiegen wir höher und höher bis zur Alm hinauf. Vor der Hütte dort oben luden ein paar Holzbänke zur Rast ein.

Die Sennerin, eine freundliche ältere Frau, trat aus der Tür der Hütte und fragte nach unserem Begehr. An einem Käsebrot und einem Glas frischer Milch stärkten wir uns. Danach setzte sich die Frau noch für ein Weilchen zu uns auf die Bank, und wir plauderten miteinander.

Dabei hörten wir, daß die Sennerin schon viele Sommer auf der Alm verbracht hatte. Über die Pflanzenwelt der Berge war sie bestens informiert. Ihre besondere Liebe gehörte den Kräutern, aus denen man Tees bereiten konnte. So berichtete sie voller Freude davon, daß sie mit dem „Augentrost" - einem gegen Augenentzündung zubereiteten Tee - schon in vielen Fällen habe helfen können.

Es beeindruckte uns, mit welch großer Freude sie darüber sprach, daß sie mit ihren Tees kranken Menschen hatte helfen dürfen. Das machte uns nachdenklich.

Ich mußte an zwei andere Kräuterfrauen denken, denen ich früher begegnet war. Auch sie hatten mir mächtig imponiert durch ihr großes Wissen über die Heilkräuter, die der Schöpfer wachsen läßt. Sie wußten beinahe auf alle Fragen, die die Natur betrafen, eine Antwort. Man konnte nur staunen.

Noch heute sehe ich die weißen Leinenbeutel vor mir, die die Kräuterfrauen auf ihren Spaziergängen immer bei sich trugen.

Ich bekam damals einen mit Schafgarbe gefüllten Beutel geschenkt. Seinen Inhalt mußte ich an der Luft trocknen. Das habe ich gewissenhaft getan. Aber dann habe ich leider allzu oft vergessen, mir Schafgarbentee aufzubrühen. Der Rest war in der Dose alt geworden.

Bitte, verzeiht mir, ihr lieben Kräuterfrauen!

Das Wissen um die Heilkraft der Pflanzen ist schon alt. Bei den Ägyptern, den Griechen und Indern gab es schon im Altertum schriftliche Zusammenstellungen über Heilpflanzen mit Anweisungen, wie sie zu verwenden seien.

Im Mittelalter legte man in den Klöstern eigene Kräutergärten an.

Der Gartenbauplan des Klosters Sankt Gallen und die Schriften der Äbtissin Hildegard von Bingen geben uns ein gutes Bild über die Pflanzen, die damals angebaut wurden.

Nach der Erfindung der Buchdruckerkunst wurden die Kräuterbücher in größerem Umfang verbreitet.

Auf mittelalterlichen Gemälden finden wir manchmal eine Vielfalt von Pflanzen, Blütenzweigen und Früchten. Ein Beispiel dafür ist das berühmte Altarbild der Gebrüder van Eyck in Gent: "Die Anbetung des Lammes". Auf dem Bild gibt es einen Rasen mit mehr als hundert verschiedenen blühenden Pflanzen.

Ich selbst weiß nicht viel von Heilkräutern; aber was ich weiß, ist praxiserprobt. Zum Beispiel habe ich mit der guten alten Kamille die allerbesten Erfahrungen gemacht, sowohl bei inneren als auch bei äußeren „Wehwehchen".

Auch der bekömmliche Pfefferminztee darf bei uns nicht fehlen.

Ich bin entzückt über die schönen Namen unserer heimischen Pflanzen. Sie klingen wie ein Gedicht: Thymian, Lawendel, Rosmarin, Arnika, Majoran, Salbei, Frauenmantel, Ehrenpreis. . . Man könnte endlos fortfahren.

Es wird erzählt, daß noch vor wenigen Jahrzehnten bei uns auf dem Lande die Frauen ein kleines Sträußchen von wohlriechenden Pflanzen, Balsam zum Beispiel, am Sonntag auf ihrem Gesangbuch in die Kirche trugen.

Ob sie daran rochen, wenn sie müde wurden?

Wie das Mönchtum entstand

Es scheint mir wichtig zu sein, geistige Strömungen in ihren geschichtlichen Zusammenhängen zu erkennen.

So wurde mir beim Lesen eines alten Schmökers über Kirchengeschichte deutlich, wie es im ersten Jahrtausend unserer Zeitrechnung zur Entstehung des Mönchtums gekommen ist. Bekannt war mir die Meinung mancher Historiker, die Stunde, in der Kaiser Konstantin das Christentum zur Staatsreligion erklärt habe, sei eine unglückliche, verhängnisvolle Stunde gewesen. Es habe der Kirche geschadet, in den Sog der Welt hineingezogen worden zu sein. Viele Fromme jener Zeit hätten diesen Schritt tief bedauert.

So wird es in der Tat gewesen sein, als der Herrscher die Hierarchie zur Stütze seines Staates machte. Seine Günstlinge unter den Christen beschenkte er mit Geld und Gütern. Sie bekamen hohe Ämter. Dies war eine Gefahr für die innere Verfassung des Volkes und tat dem Glauben Abbruch.

Nicht wenige der Frommen widersprachen dem weltlichen Treiben in der Kirche, mehr noch: sie gingen zur Opposition über. Manche von ihnen flohen in die Wüste, um dort das Angesicht Gottes zu suchen. Abgestoßen von dem weltlichen Treiben in dem ersten christlichen Staat, suchten sie die Stille und Einsamkeit auf, um Gott ungestört dienen zu können. Sie wurden Mönche, Eremiten. In der unberührten Natur wollten sie leben. Das Streben nach Innerlichkeit, Selbstprüfung und Selbstbesinnung bestimmte ihren Weg.

In Ägypten, wo steinerne Denkmäler den Menschen von der Vergänglichkeit erzählen, gab es eine große Anzahl von Eremiten. Auch in Vorderasien ergriff das Verlangen nach Einsamkeit und Gottesnähe viele Menschen.

Doch bald zeigte sich: Das Eremitentum konnte nicht das Endergebnis sein. Der Mensch ist in der Tiefe seines Wesens zur Gemeinschaft angelegt. So schlossen sich die Einsamlebenden schon bald zusammen.

Die Gemeinschaftsaskese, das Klosterleben entstand. Zur Vertiefung und Selbstbesinnung kamen die brüderliche Zucht und Erziehung. Die Sorge um die Seele des andern, die Seelsorge, die in der ersten Christengemeinde so stark ausgeprägt war, lebte wieder auf. Die Klöster wurden zu besonderen Pflegestätten gottesdienstlichen Lebens. Durch den gemeinsamen Gesang zog auch die Kunst ein, und die Wissenschaft fand ebenso ihren Weg in die Zellen einzelner Mönche.

Der moderne Mensch

Neulich las ich: „Der moderne Mensch wird, wenn er einmal vor Gott steht, kein Schuldbekenntnis ablegen, sondern eine psychologische Erklärung vortragen. Darin wird eine kindliche Fehlentwicklung durch die Schuld der Eltern vorkommen, die schwierigen Lebensumstände und vieles mehr."

Ich frage mich manchmal: Wie weit läßt sich die eigene Verantwortung wegdiskutieren, zum Beispiel auch die Verantwortung dafür, ob wir glauben oder nicht glauben? Haben wir nicht einen Kompaß in uns, dessen Nadel auf Gott zeigt?

Im Kosmos ist Gott nicht zu finden

Reinhold Schneiders Buch „Verhüllter Tag“, das auch den Bericht „Winter in Wien“ enthält, ist sprachlich ein Juwel, vermittelt aber auch eine tiefe Traurigkeit.

Das Bild Gottes ist dem Dichter verdunkelt. Das Universum ist für ihn ein leerer Raum geworden. Ein Besuch im Heeresgeschichtlichen Museum hat ihm den Rest gegeben. Die in früherer Zeit verherrlichten Kriege lassen in seiner Seele das Grauen über den verblendeten, selbstherrlichen Menschen wach werden. Wie mit dunklen Flügeln senkt sich die Schwermut auf ihn herab.

Lieber Reinhold Schneider, du hättest es wissen können: Im Kosmos ist Gott nicht zu finden, auch nicht in der blutigen Menschheitsgeschichte. Hättest du ihn doch im Johannesevangelium gesucht!

Ich hoffe für dich - und uns alle -, daß wir im Licht der Ewigkeit Antwort finden auf unsere verzweifelten Fragen.

Rußland und die Bibel

Mit Interesse habe ich den Bericht einer Rußlandreise gelesen. Armut und Kriminalität schwellen dort beängstigend an. Bei vielen Menschen herrscht Hoffnungslosigkeit. Nach dem Zusammenbruch des Kommunismus sehen sie noch keine Zukunft.

Wie Hohn hören sich die Worte an, die Trotzki 1923 in seinem Buch „Literatur und Revolution“ schrieb:

„Der Mensch wird unermeßlich stärker, weiser und verfeinerter werden, sein Körper harmonischer, seine Bewegungen rhythmischer, seine Stimme musikalischer. Der durchschnittliche Mensch wird die Höhe eines

Aristoteles, eines Goethe, eines Marx erreichen. Darüber hinaus werden neue Genies heranwachsen."

Wie realistisch ist dagegen das Bild, das die Bibel von dem Menschen zeichnet, der ohne Gott lebt.

Alles ist Gnade

Am „Tagebuch eines Landpfarrers" von Georg Bernanos finde ich den Schluß besonders bewegend. In einem Brief ist von einem Sterbenden die Rede, der als Gast bei einem Freund eingekehrt ist.

In der Nacht bekommt der Kranke einen Blutsturz. Er fühlt, daß sein Ende nahe ist. Der Priester, der die letzte Ölung bringen soll, kommt zu spät. Mit letzter Kraft flüstert der totkranke Mann dem Freund ins Ohr: „Was macht das schon aus? Es ist alles Gnade."

Das sind vom Geist des Evangeliums durchdrungene Worte. Alles ist Gnade. Und das zu erkennen, muß man ganz unten sein.

Spätsommertage im Harz

Unzählige Holunderbäume halten ihre gelben Früchte der Sonne entgegen. Sie locken die Vögel an und üben großzügig Gastfreundschaft.

Auch am wilden Rosenstrauch reifen die Früchte. Sie leuchten rot und gelb aus dunklem Grün hervor.

Die strahlenreichen Disteln spreitzen sich flach und rund über den Boden hin.

Es ist so still im Walde. Wir gehen schweigend die schmalen Pfade entlang, umspielt vom leichten Sommerwind.

Nun sind wir an einem der siebzig Seen des Oberharzes angekommen. Wie ein blaues Auge liegt er da zwischen den weiten Wäldern. An einer seiner Badestellen gibt es feinen Sand. Ein Vogel läuft darüber. Seine Füßchen hinterlassen feine Spuren. Doch wie mit Geisterhand fährt der Wind darüber und löscht sie aus.

Unsere Freude an dem schönen Tag, der in hohem Maße mit Sonne und Stille gesegnet ist, erreicht ihren Höhepunkt, als wir ein junges Reh beobachten können, das ganz nah am Wegrand an den Gräsern herumschnuppert. Ob es uns wirklich nicht bemerkt hat? Wir haben Zeit, es gründlich zu betrachten.

Die Anmut des Tieres bezaubert mich. Seine leichten schwingenden Bewegungen rufen in mir das Gefühl wach, das mich auch manchmal überfällt, wenn ich Eiskunstläuferinnen oder Ballettänzerinnen zusehe. Ich komme mir ganz plump und schwerfällig vor, so richtig erdgebunden.

Sollte der Mann doch recht haben, der einmal behauptet hat, in unserer Seele befänden sich zusammengefaltete Flügel?

Zeppelin und Orgeldreher

Was haben Zeppelin und Orgeldreher miteinander zu tun? Scheinbar nichts; doch spielen in meiner Erinnerung beide sehr wohl eine Rolle.

Es war in meiner Kindheit. An einem Sommermorgen, als bei uns zu Hause noch alles schlief, wurde heftig ans Kammerfenster geklopft: „Aufsteh'n! Macht schnell, es gibt was zu sehen!“ Es war die Nachbarin. Wir zogen uns in aller Eile an und rannten aus dem Haus. Auf der Straße liefen noch andere Leute. Wir folgten ihnen, als sie einen Seitenweg einbogen, der zu einer Wiese führte. Dort sahen wir eine Menschengruppe stehen. Alle starrten zum Himmel. Wir daraufhin auch - und brachen gleich in Freudenschreie aus.

Es war ein herrlicher Anblick: Vor dem blauen Himmel schwebte langsam und majestätisch das weiße Luftschiff des Grafen Zeppelin dahin. Es dauerte lange, bis es unseren Blicken entschwand. Wir standen noch eine Weile im Gespräch beieinander. Nur zwei Frauen, die im Unterrock aus dem Haus gelaufen waren, hatten es eilig, wieder heim zu kommen. Noch nach Jahren, wenn vom Zeppelin die Rede war, lachte man im Gedenken an die beiden ungekämmten Frauen, die nach dem großen Ereignis nicht schnell genug fortkommen konnten.

Weil bei uns auf dem Dorf nicht so viel passierte, wurde auch der Orgeldreher von uns Kindern immer mit Freuden empfangen. Im Nu versammelte sich eine Kinderschar um das Instrument, die den Spieler meist noch ein Stück begleitete.

Ebenso war es mit dem Mann, der mit seinem braunen Tanzbär in unser Dorf kam. Auch bei seinem Anblick schlugen unsere Kinderherzen höher.

Noch immer gibt es Drehorgeln. In Holland werden die großen buntbemalten Instrumente noch immer von Hand gemacht. Mir wurde erklärt, der Beruf des Leierkastenmannes sei ein ehrenwerter Beruf. Seine Arbeit habe nichts mit Bettelei zu tun.

Er wird meist von einem Mann begleitet. Der Leierkastenmann dreht die Orgel, der andere rennt in die Hauseingänge, drückt auf alle Klingelknöpfe und stürmt wieder nach draußen. Dann steht er da und sieht zu den vielen Fenstern hinauf. Hin und wieder öffnet sich eines und ein Geldstück wird hinuntergeworfen, das der Mann flink aufrafft.

Dabei beobachtete ich noch nie mitlaufende Kinder.

Auf dem dunkelbraunen Ledersofa.

In einer meiner allerfrühsten Kindheitserinnerungen spielt mein Großvater eine Rolle.

Wenn er müde von der Arbeit auf dem Feld oder im Garten ins Haus kam und sich zum Ausruhen auf das alte braune Ledersofa setzte, hielt ich meine Zeit für gekommen. Schnell rannte ich zu ihm, kletterte auf das Sofa und stellte mich hinter ihn.

Auf der Fensterbank hinter dem Sofa hatte ich einen kleinen Kamm versteckt. Den brauchte ich nun.

Ich durfte den Opa kämmen. Darüber war er wahrscheinlich nicht erfreut, aber er ließ es geduldig geschehen.

Mit Opas Haaren hatte es eine besondere Bewandtnis.

In der Mitte des Kopfes war alles kahl. Dort gab es nur seinen „Klump". So nannte er einen runden Fettball, der dort gewachsen war und dessen er sich schämte.

Um diesen „Grützebeutel" - wie ihn die anderen nannten - zu verdecken, ließ er immer an der einen Kopfseite einen Haarbüschel stehen, der ungefähr 20 Zentimeter lang war.

Meine Tätigkeit bestand darin, Opas Haare immer aufs neue strubbelig zu machen und sie wieder glatt über den „Klump" zu streichen. Manchmal versuchte ich auch, eine Flechte daraus zu machen, was mir aber nicht gut gelang.

Schade, daß man damals noch keine Fotos machte!

O lieber Großvater, noch heute bewundere ich deine Geduld! Vielleicht hast du manchmal ein paar Minuten geschlafen, während ich dich kämmte.

In meiner Erinnerung ist es immer ganz still in der kleinen Stube, in der wir zwei nahe beieinander waren.

Wetterleuchten

Wetterleuchten: Das Wort ruft eine Kindheitserinnerung in mir wach.

Mitten in der Nacht gibt es ein starkes Gewitter. Es treibt uns alle aus den Betten. Notdürftig bekleidet versammeln wir uns in der Stube. Schnell folgen Blitz und Donner aufeinander.

Wir Kinder haben Angst. Wir bedecken unsere Gesichter mit Sofakissen und halten uns die Ohren zu.

Nun setzt der Regen ein. Er trommelt auf die Fensterscheiben.

Mein Vater sagt: „Es könnte auch Hagel dabei sein."

Allmählich werden die Zeitspannen zwischen Blitz und Donner länger.

Mein Vater geht aus dem Zimmer und tritt vor die Haustür. Als er wieder in die Stube kommt, sagt er: „Ihr könnt wieder ins Bett gehen. Was ihr jetzt noch seht, ist das Wetterleuchten. Das ist nicht mehr schlimm."

Schnell schlafen wir wieder ein. Die Gefahr ist vorüber. Der Vater hatte es gesagt.

Gesundheit - das höchste Gut?

Wir hören es oft und sagen es selbst: Gesundheit ist das höchste Gut. Wir haben recht damit. Aber es fehlt noch etwas.

In einem Badeort schrieb ein Kurgast in das Fremdenbuch:

„Vergnügt kehre ich
von Marienbad zurück.
Ich fand Gesundheit hier,
des Lebens höchstes Glück."

Ein anderer Kurgast griff zur Feder und schrieb darunter:

„Des Lebens Glück?
Das stimmt doch wohl nur halb.
Glückselig wäre sonst
auch ein gesundes Kalb!“

Ganz gewiß ist Gesundheit ein großes Geschenk und mehr wert als Geld und Gut, Ruhm und Ehre.

Das höchste Gut aber, das uns auf Erden zuteil werden kann, ist die Verbindung mit Gott und sein Friede.

Ein Erlebnis auf dem Bauernhof

In einem Sommer hatten wir eine besondere Freude an unseren Glucken. Friedlich saßen sie nebeneinander. Wenn sie den Futternapf aufgesucht hatten, geschah es manchmal, daß sie ihre Nester verwechselten. Doch das störte sie nicht in ihrem Verhalten. Ihr Grundsatz schien zu sein: Die Hauptsache ist, daß überhaupt gebrütet wird.

Als die Küken aus den Eiern schlüpften, gab es eine Großfamilie. 30 Federbällchen umgaben zwei besorgte Hühnermütter. Als die Kleinen größer wurden, ging man natürlich auch mit ihnen spazieren. Da bot sich uns ein entzückendes Bild: Wie beim Spaziergang eines Kindergartens ordnete sich der Zug. Das eine Mal ging die eine Mutter an der Spitze des Zuges, dann begab sich die andere ans Ende der Schar und hielt die Nachzügler in Schach. So wechselten sich die Mütter in ihrer Aufsichtspflicht ab.

Alle Hofbewohner und auch die Nachbarn hatten ihre helle Freude an dieser Eintracht.

Eines Tages geschah ein kleines Unglück: Ich hörte im

Haus, wie die beiden Glucken aufgeregt gackerten und mit den Flügeln schlugen. Eilig lief ich auf den Hof und sah, daß ein Küken in ein flaches Loch im Boden gefallen war. Es piepste kläglich und konnte offensichtlich nicht mehr alleine herauskommen. Doch bevor ich zupacken konnte, hieben beide Mütter gleichzeitig ihre Schnäbel in das weiche Flaumkleid des Kindes und zogen es heraus.

Doch damit nicht genug. Beide gackerten und zeterten nun auf das Kleine los, daß es nur so eine Art hatte. Es war zu komisch: Ich mußte laut auflachen über diese Erziehungsmethode der Hühnermütter - die mir übrigens sehr bekannt vorkam.

Die Wahlversammlung

Vor Jahren war ich auf der Nordseeinsel Amrum. Es war ein windiger Tag Ende September.

Wir gingen mit bloßen Füßen über den weißen Dünensand. Er war noch warm von den sommerlichen Tagen zuvor. Die freistehenden Kiefern duckten sich. Sie waren dem Wind mehr ausgesetzt als wir.

Über unseren Köpfen zogen Schwärme von Zugvögeln dahin. Irgendetwas schien sie zu verstimmen, denn sie flogen wild durcheinander, und wir hörten sie schreien. Doch dann ordneten sie sich wie auf Kommando und zogen davon.

Da fiel mir ein, was mein Großvater erzählt hatte.

Er mußte als Junge oft die Kühe hüten und hatte dabei viele Naturbeobachtungen gemacht, unter anderem diese: Bevor solch ein Vogelschwarm auf die große Reise geht, wird eine Versammlung abgehalten und der Vogel gewählt, der an der Spitze fliegen soll.

Wahrscheinlich war vor meinen Augen gerade solch eine Wahlversammlung abgehalten worden.

„Wir leben in einer wundersamen Welt", pflegte mein Großvater zu sagen. Wie recht er damit hatte!

Kinderspiele

Von Pieter Breughel gibt es ein großes Bild mit dem Titel: „Kinderspiele". Es hängt im Kunsthistorischen Museum in Wien. Auf dem Bild sind etwa 200 Kinder zu sehen, davon sind 80 spielend beschäftigt.

Wer sich die Mühe macht, zu entdecken, was die Kinder gerade tun, stellt erstaunt fest, daß ihm manches bekannt vorkommt. Über mehr als 400 Jahre sind diese Spiele lebendig geblieben und von einer Generation an die andere weitergegeben worden.

Das sagt etwas darüber aus, daß Spielen zu den Lebensbedürfnissen des Kindes gehört und nicht unterbewertet werden darf.

In dem Dorf, in dem ich aufwuchs, hatten wir Kinder noch viel Raum zum Spielen. Ich wundere mich heute noch über den Rhythmus, in dem das geschah. An einem bestimmten Tag sah man überall auf den Straßen und Plätzen hüpfende Kinder, dann wieder tauspringende oder ballfangende Kinder. Was verursachte diesen geordneten Wechsel?

„Wer fürchtet sich vorm Schornsteinfeger?" konnten wir noch auf der Dorfstraße spielen. Ein Auto kam nur selten vorbei.

An unserer damaligen Spielfreiheit gemessen, sind die Kinder heute zu bedauern. Umso größer wird die Verantwortung der Stadtväter, für Grünflächen und Kinderspielplätze zu sorgen. Das dafür verwendete Geld ist nicht verschwendet.

Ein Spiel, das bei uns Kindern besonders beliebt war, nannten wir „Verstecken". Wir formten einen Kreis, und es wurde abgezählt: Eins, zwei! Eins, zwei! Wer übrigblieb, mußte suchen. Wie wild rannten alle Kinder auseinander, um ein sicheres Versteck zu suchen.

Einmal hatte ich mich so gut versteckt, daß mich niemand fand. Nach langem Warten kroch ich hervor, um feststellen zu müssen, daß alle Kinder schon nach Hause gegangen waren.

Traurig schlich ich mich hinterdrein.

Viel später fand ich in den chassidischen Erzählungen von Martin Buber eine ähnliche Geschichte:

Ein Junge hat sich beim Spiel gut versteckt, merkt aber, daß seine Kameraden ihn überhaupt nicht suchen. Sie lassen ihn einfach sitzen. Weinend geht er zu seinem Großvater, einem Rabbi und erzählt ihm sein Leid. Der Großvater sagt: „Sieh, Junge, das ist auch Gottes Kummer. Er sagt: „Ich verberge mich, aber sie suchen mich nicht“ (Jesaja 54,8).

Wenn Kinder an Gott glauben

Unter den Vertriebenen aus Schlesien, die in un-seren Mütterkreis kamen, fiel eine Frau besonders auf, wahrscheinlich durch ihren Beruf. Sie war in ihrer Heimat als Oberstudienrätin am Gymnasium tätig gewesen.

Diese Frau erzählte mir einmal seltsame Dinge aus ihrer Kindheit.

In eine atheistische Familie hineingeboren, sei sie ohne jegliche religiöse Unterweisung aufgewachsen. Und doch habe sie als Kind eine Periode innigster Verbundenheit mit Gott erlebt. . .

An jedem Abend habe sie sich unter der Bettdecke hingekniet und alles mit Gott besprochen. Auch tagsüber habe sie seine Nähe gespürt.

Das sei nicht immer so geblieben, fügte sie hinzu,

habe aber stets Heimweh nach Gott in ihr wachgehalten.

Das läßt mich an ein persönliches Erlebnis denken. Zur Winterzeit war ich als kleines Mädchen einmal sehr krank. Wahrscheinlich hatte ich eine schwere Grippe. Ich erinnere mich noch an folgendes: Wenn ich den Kopf hob, wurde mir schwarz vor Augen. Ich hatte das Gefühl, in ein tiefes dunkles Loch zu fallen.

Gleichzeitig quälte mich ein böser Husten, der es immer wieder nötig machte, mich aufzurichten, um Luft zu bekommen. Es war ein elender Zustand, den ich als eine wirkliche Not empfand.

An einem Tag fing ich an, leidenschaflich zu beten. Viele, viele Male wiederholte ich den Satz: Lieber Gott, hilf mir! Bitte, bitte, mache mich gesund! In der nächsten Nacht schlief ich durch bis zum Morgen. Meine Freude war groß. Für mich gab es keinen Zweifel an Gottes Eingreifen: Er hatte mein Gebet erhört!

Ich erzählte dem Großvater von meinem Erleben. Er sagte kein Wort, nickte aber ein paarmal ernsthaft mit dem Kopf.

Eine kleine Weichenstellung

Mit roten Schlafbäckchen und zerzaustem Haar kam die fünfjährige Ulrike in ihrem geblümten Nachthemdchen zur Mutter in die Küche gelaufen. Sie sah fröhlich und unternehmungslustig aus und rief: „Mutti, darf ich meine Hanni mitnehmen, wenn ich zu Bärbel zum Spielen gehe?“ Die Mutter, die dabei war, den Frühstückstisch zu decken, ging nicht darauf ein, sondern sagte ärgerlich: „Was, du bist noch nicht angezogen? Nun beeil dich aber mal ein bißchen. Wir wollen frühstücken!“ Ulrike warf noch einen fragenden Blick in das Gesicht ihrer Mutter. Dann zog sie ab. Das Strahlen war erloschen.

Wie schade, dachte ich. Es wäre so leicht gewesen, das Kind in seiner Vorfreude auf den Tag zu bestärken und es danach zur Ordnung zu rufen.

Ein kleiner Nadelstich

Eine Mutter erzählt: „Zwei kleine, etwa fünfjährige Jungen spielten bei uns im Hof mit einem roten Luftballon.

Plötzlich höre ich ein schreckliches Geschrei. Ich denke: Da unten ist etwas Schlimmes passiert und eile im Laufschritt die Treppe hinunter.

'Na, kleiner Mann, was ist denn los?', rede ich den heulenden Jungen an. Mit dem Geschrei hört er auf, kann aber vor Schluchzen kaum ein Wort hervorbringen!

'Gerd hat...' Weiter kommt er nicht, dafür hält er mir aber die schlappe Hülle eines Luftballons entgegen.

Ich sehe Gerd streng an. Er wird rot und stottert: 'Ich habe bloß ein bißchen mit der Nadel hineingestochen, und nun will er nicht mehr fliegen.'

Die Situation war so komisch, daß ich ein Lächeln nicht verbergen konnte. Ich gab den beiden einen Groschen, von dem sie sich einen neuen Ballon kaufen sollten, und friedlich zogen sie los zum Kaufmann.

Typisch Kinder, dachte ich, als ich die Treppe wieder hochstieg.

Das kleine Erlebnis machte mich nachdenklich und ließ mich fragen: Mache ich selbst nicht auch manchmal zuviel Aufhebens von unwesentlichen Dingen, etwa von kleinen Verlusten?

Zerplatzte Träume und Hoffnungen: Wer kennt das

nicht? Die Frage ist nur, wie wir uns verhalten.

Und das andere bewegte mich auch: Nur ein kleiner Nadelstich!

Unüberlegte lieblose Worte sind oft solche Nadelstiche, die wehtun. Bedenken wir: Die Trauer über Nichtigkeiten ist manchmal kindisch und meistens schnell zu trösten. Einem anderen Menschen aus Gleichgültigkeit oder Lieblosigkeit wehtun, ist böse.“

Antiautoritäre Erziehung

Vor Jahren, als die antiautoritäre Erziehung gerade sehr populär war, machte ich einen Besuch bei einem jungen Elternpaar. Der Mann war Sozialarbeiter.

Am Abendbrottisch sorgte der kleine Sohn für Aufregung: Er wollte nicht essen und fegte seinen Teller einfach vom Tisch.

Der Vater lächelte darüber und sagte: „Mein Sohn soll nie ein schlechtes Gewissen haben, denn das würde ihn schlecht machen. Ich will für ihn kein höheres Wesen sein, vor dem er sich ducken müßte und das ihn selbst in den eigenen Augen erniedrigte.“

Die Mutter sammelte in der Zeit schweigend die Scherben auf und reinigte den Fußboden.

Als der kleine Junge dann auch noch seinem Schwesterchen einen Schubs gab, so daß es hinfiel, verabschiedete ich mich bald und war früher wieder zu Hause als ich gedacht hatte.

Was wissen wir von anderen

„Sie haben die Frau doch gut gekannt", sagte jemand, als die Schreckensnachricht durch die Gemeinde ging, daß sie ihrem Leben selbst ein Ende gemacht hat.

Ich mußte es verneinen. Gewiß, ich hatte ihr, weil sie zum Helferkreis gehörte, ein paarmal die Sammelliste gebracht.

Vor Ostern und in der Adventszeit war es die Aufgabe dieser Gruppe von Frauen und Männern, in ihrem Bezirk von Haus zu Haus zu gehen, um für „Brot für die Welt" Spenden zu sammeln.

Die blonde, etwa 40jährige Frau hatte mich immer freundlich empfangen und die Liste willig angenommen. Meine Besuche bei ihr waren stets nur kurz gewesen. „Ich verstehe das", hatte sie gesagt, „ich weiß ja, wieviele auf Sie warten".

Warum hatte sie nur ihrem Leben ein Ende gemacht? War sie schwermütig? Hatte niemand etwas davon gemerkt? Gab es in ihrer Ehe, in ihrer Familie Probleme?

Niemand wußte es. Ihr Mann war in seinem Schmerz wie versteinert.

Das Erlebnis liegt lange zurück, aber wenn ich daran denke, meine ich, den kalten Schatten, der mich damals streifte, noch zu spüren.

Wie Gebete erhört werden

Im allgemeinen sind Großeltern nicht nur mächtig stolz auf ihre Enkelkinder, sondern sie lieben sie auch von Herzen.

Sind die Großeltern Christen, wünschen sie sich nichts sehnlicher, als daß auch ihre Enkelkinder den Weg zu Jesus finden.

Kürzlich las ich im Bericht einer missionarischen Organisation über ein schönes Erlebnis: „Im letzten Sommer wohnte ein englischer Junge für einige Tage in unserem Jugendhotel. Soweit wir uns erinnern können, hat keiner von unseren Mitarbeitern einen näheren Kontakt zu ihm gehabt. Auch an den Andachten, die wir unseren Gästen anbieten, scheint er nicht teilgenommen zu haben. Aber er hat bei uns, so wie alle andern, ein Traktat bekommen.

Kurz vor Weihnachten besuchten uns seine Großeltern. Sie berichteten, daß ihr Enkelsohn durch das Lesen des Traktates zum Glauben gekommen sei und sich einer Gemeinde angeschlossen habe.

Für diese Erhörung ihrer Gebete seien sie unendlich dankbar und seien nun extra von England angereist, um das Haus zu sehen, in dem das Wunder geschehen sei.“

„Weg hast du allerwegen, an Mitteln fehlt's dir nicht.“

Geheimnis Herz

In schlaflosen Nächten höre ich manchmal mein Herz klopfen. Welch ein Wunderding trägt man da mit sich herum!

Im dunklen Schoß der Mutter hat es angefangen zu schlagen und schlägt nun schon über 70 Jahre ohne eine Sekunde Pause. Unfaßbares Wunder!

Wie geheimnisvoll ist es auch, daß die Menschen von jeher das geheime Zentrum ihres Fühlens und Wollens Herz nannten!

Wahrscheinlich deshalb, weil heftige Gemütsbewegungen den Herzschlag verändern können. Wir wissen alle, wie das ist, wenn uns das Herz vor Freude hüpft oder uns schwer wie ein Stein in der Brust liegt.

Auch die Bibel spricht vom menschlichen Herzen, wenn sie das Zentrum unseres Seins meint. Jesus sagt, daß aus ihm die bösen Gedanken kommen. An einer anderen Stelle wird es ein „trotzig und verzagt Ding“ genannt. In der heiligen Schrift ist aber auch die Rede davon, daß unser Herz gereinigt, ja sogar erneuert werden kann.

Pascal hat einmal gesagt: „Unser Herz besitzt eine Vernunft, von der unsere Vernunft nichts weiß.“

Was ist es, das in bestimmten Entscheidungsstunden unser Herz heftiger schlagen läßt?

Besteht ein Zusammenhang zwischen dem Herzen und dem Gewissen?

Zum Thema Herz mag es vielleicht auch in biologischer Sicht noch ungelöste Fragen geben. Das wissen die Mediziner besser. Im übertragenen Sinne gibt es ganz gewiß noch viele Fragen und Geheimnisse; es ist und bleibt ein „unruhig Ding“.

Doch wir dürfen Gott täglich bitten:
Schaffe in mir ein reines Herz
und gib mir einen neuen gewissen Geist.

Das neue Jerusalem

In die holländischen Landschaften kann man sich verlieben, obwohl sie nichts Sensationelles aufzuweisen haben: keine hohen Berge, keine tiefen Täler, weder Wasserfälle, noch Tropfsteinhöhlen.

Wasser aber haben sie genug, sozusagen in Hülle und Fülle.

Die Städte haben ihren eigenen Charakter. Nehmen wir Amsterdam: Nein, es ist nicht das Venedig des Nordens, obwohl es mehr Kanäle aufzuweisen hat als die berühmte Dogenstadt.

Auf die vielen Sehenswürdigkeiten dieser Weltstadt will ich nicht eingehen, es wäre aber viel darüber zu sagen.

Wußten Sie, daß Amsterdam bei Hunderttausenden von dort wohnenden Juden „Das neue Jerusalem" hieß?

Das rege Leben in ihrem Stadtviertel wurde durch die deutsche Besatzung auf eine schreckliche Weise zerstört. Die jüdischen Menschen fanden zu Tausenden in den Gaskammern der Konzentrationslager den Tod.

Seit jener Zeit hat sich das Straßenbild sehr verändert.

Immer aktiv sein?

Frau Müller ist seit fast zehn Jahren pensioniert.

Da sie sich vorgenommen hat, unter allen Umständen aktiv zu bleiben, sorgt sie für einen vollen Wochenkalender: Schwimmen, Seniorengymnastik, Chorsingen, Abendschule, usw.

Nur nicht inaktiv sein! Das wäre ja schrecklich!

Arme Frau Müller! In zehn Jahren wird sie es schwer haben, nämlich dann, wenn sie eine „Leistung" nach der anderen aufgeben muß, weil die körperlichen Funktionen nachlassen. Wenn das Traumbild „Frau in Aktion" zusammenbricht, könnte sie mit leeren Händen dastehen.

Soll damit dem Nichtstun im Alter das Wort geredet werden?

Ganz gewiß nicht. Nur dieses sollte gesagt sein: Wer es begriffen hat, daß das, was wir Menschen ohne unser Zutun geschenkt bekommen, das Wesentlichste in unserm Leben ist, für den können auch Perioden der Ruhe und Stille erfüllt und gesegnet sein.

Phillipp Jakob Spener

Nach Jahren kam mir heute die „Pia Desideria" von Philipp Jakob Spener wieder in die Hände. Er hat sie 1675 als Vorrede zu Arndts Predigtbuch geschrieben. Seine „Frommen Wünsche" scheinen mir höchst zeitgemäß zu sein, was ihren Ausgangspunkt und ihre Verbesserungsvorschläge betrifft. Wie sah es damals in der Kirche aus?

Es gab viel Streit um die rechte Lehre, aber wenig geistliches Leben.

Man kümmere sich kaum noch um den christlichen Glauben, klagt Spener, nicht einmal „der geistliche Stand habe die rechten Kennzeichen der Wiedergeburt aufzuweisen". Eine geistliche Erneuerung durch den heiligen Geist sei unbedingt notwendig.

Spener zeigt seinen orthodoxen Mitchristen vier Wege auf, die zu einer Neubelebung führen könnten:

1. Mehr Gemeinschaft unter dem Wort Gottes.

2. Mehr Bruderschaft und gegenseitige Verantwortung

3. Mehr praktisches tätiges Christentum.

4. Mehr lebendige Verkündiger und lebendige Verkündigung.

Spener wünscht sich, daß die Universitäten „Werkstätten des heiligen Geistes" werden möchten, damit die Gemeinden nur von Leuten geleitet würden, die selbst wahre Christen seien.

Ich mußte denken: Die höchsten Wahrheiten kommen immer noch im einfachsten Gewande.

Die Grammatik des Glaubens

Neulich war von einem alten Lehrer die Rede, der hier an einer niederländischen Schule deutsche Grammatik lehrte und Religionsunterricht gab. An einem Vormittag hatte er im Deutschunterricht den Kindern beigebracht, daß „ich“ die erste Person ist, „du“ die zweite und „er, sie, es“ jeweils die dritte. Am selben Tag hatte er der Klasse biblische Unterweisung zu geben. Die begann er so: „Wißt ihr Kinder, jetzt sage ich euch etwas, das dürft ihr nie wieder vergessen: Es gibt noch eine andere Grammatik, die kommt aus dem christlichen Glauben. Und da ist es genau umgekehrt. Da heißt die erste Person „Er“, die zweite „du“ und die dritte „ich“. Ihr wißt sicher schon wer der „Er“ ist. Jesus Christus steht an erster Stelle, weil er für uns gestorben und auferstanden ist. Er ist unser Erlöser, ihm gebührt die größte Ehre.

Die zweite Person ist mein Nächster, zu dem ich „du“ sage. Auch ihn hat Gott lieb und will ihn froh machen.

Als dritte Person kommen wir selbst mit unseren Wünschen und Erwartungen. Seht Kinder, wenn ihr diese Reihenfolge immer einhaltet, werdet ihr glückliche Menschen.“

So werden oft grundsätzliche Wahrheiten mit ganz schlichten Worten weitergegeben. Einer, der das auch gut konnte, war Friedrich von Bodelschwingh. Herzensgüte und Schlichtheit zeichneten ihn aus. Auch in seinem Elternhaus hatten sie die Atmosphäre bestimmt. Von Bodelschwingh durfte einmal in besonderer Weise den Segen seiner Eltern erleben. Er wurde eines Tages von zwei Freunden durch den Habichtswald zur Bahnstation Velpe gebracht. Sie verloren aber in der Dunkelheit den Weg und klopften bei einem alten Förster an, der sich schon zur Ruhe begeben hatte. Kaum aber hatte er erfahren, daß er den Sohn seines alten Landrates vor sich hatte, da zog er die langen Stiefel noch einmal an und geleitete die Wanderer zur Bahn. Alle Versuche, ihn zur Umkehr zu bewegen, wehrte der alte Mann ab mit den Worten: „Da hab ich doch Ihren Vater viel zu lieb gehabt, als daß ich Sie in dunkler Nacht sollte allein lassen."

„Ich aber schämte mich des reichen Maßes von Liebe, die ich von diesem alten treuen Mann um meiner Eltern willen geerntet hatte", schrieb von Bodelschwingh ein Jahr vor seinem Tode in der Rückschau auf dieses Jugenderlebnis .

Liebet eure Feinde

Wie praktizierte Feindesliebe aussehen kann, berichtet der Niederländer Florian B. Bakels in seinem Buch „Nacht und Nebel". Der Untertitel des Buches „Meine Geschichte in deutschen Gefängnissen und Konzentrationslagern" weist darauf hin, daß er das, was er über Feindesliebe schreibt, nicht am Schreibtisch erdacht, sondern erlebt und erlitten hat.

Der Christ Bakels hat sich in der schwersten Zeit seines Lebens immer wieder damit beschäftigt, was Jesus über die Liebe zum Feind gesagt hat. Das, was ihm beim Nachdenken darüber wichtig geworden ist, hat er in fünf Punkten zusammengefaßt und an seine Leser weitergegeben:

1. Ich habe mir den Menschen, der mich feindlich behandelte, genau angesehen und daran gedacht, daß er auch einmal ein kleines Kind war und einen Vater und eine Mutter gehabt hat, die ihn liebten. Dieser Gedanke nahm den in

mir aufkommenden feindlichen Gefühlen schon einiges von ihrer Schärfe.

2. Ich habe mir gesagt, du weißt nicht, unter welchen Umständen dieser Mann groß geworden ist. Vielleicht wärst du unter den gleichen Umständen noch schlimmer geworden als er.

3. Ich habe mir vor Augen gehalten, daß dieser Mann unmöglich glücklich sein könne. Ich dachte, er muß tief unglücklich sein, sonst wäre er zu all den Scheußlichkeiten nicht fähig.

4. Beim Nachdenken über den Mann wurde mir deutlich, daß ein Dämon von ihm Besitz genommen hatte. Dieser Zustand, so dachte ich, ist für ihn selbst noch viel schrecklicher als für mich. Ich will ihn hinfort ansehen als einen Menschen, der besessen ist und erlöst werden muß. Eigentlich ist nicht er, sondern sein Dämon hassenswert.

5. Die Bosheit des anderen brachte mich zum Nachdenken über mich selbst. Die Frage, was wohl alles in meinem Inneren schlummern möge, bewegte mich tief. Wozu wäre ich fähig, wenn die Versuchung dazu an mich heranträte? Diese Gedanken mündeten in dem Gebet: „Herr, bewahre mich vor der Versuchung, du weißt, wie schwach ich bin.

Wenn ich das alles so bedachte, bekam ich Mitleid mit meinem Peiniger. Was war er doch für ein armer Mensch! Dann fiel es mir nicht mehr so schwer, für meinen Feind zu beten. Manchmal kam es so weit, daß ich zu dem Wärter, der mich so quälte, freundlich sein konnte. Das vertrug er aber nicht. Zigmal hat er sich furchtbar aufgeregt, daß ich mich in einem solchen Fall bedankte. Für mich aber war es ein Zeichen, daß er etwas gemerkt hatte und war zufrieden."

Dieser Erfahrungsbericht zeigt uns, wie das betende Vertrauen die Lage verändert, auch wenn alles beim Alten bleibt. Feindesliebe ist keine Pflanze unseres natürlichen Wesens, und die Fälle, in denen sie unter Christen praktiziert wird, sind nicht gerade zahlreich und doch kann der Geist Gottes sie in einem Menschenleben als eine Frucht wachsen lassen.

Von Wundern umgeben

Vor Jahren erhielt ein 84jähriger Mann von der Freien Universität in Amsterdam die Ehrendoktorwürde.

Es handelte sich um Hendrik Algra.

Im Rundfunk wurde ein Gespräch übertragen, das ein Journalist nach der feierlichen Zeremonie mit dem alten Herrn führte.

Dieser erzählte, daß er in einer armen Familie in Friesland aufgewachsen sei. Mit großer Hochachtung sprach er von seinen gläubigen Eltern, die trotz äußerer Entbehrungen ihren Kindern unschätzbare innere Werte für das Leben mitgegeben hätten.

Hendrik, ein begabter Junge, konnte sich nach seiner Schulzeit soviel Geld zusammensparen, daß er studieren und Lehrer werden konnte.

Als Autor von Büchern über die vaterländische und die kirchliche Geschichte der Niederlande wurde er später weiteren Kreisen bekannt. Zeitweise war er als Abgeordneter in der Politik tätig.

Danach gab er den Schuldienst auf und wurde Hauptredakteur einer in Holland sehr bekannten Zeitung.

In bereits vorgerücktem Alter begann dieser Mann noch mit einem neuen Studium und machte seinen Doktor in den Sozialwissenschaften.

Der Reporter stellte ihm unter anderem folgende Frage: „Sie sind nun 84 Jahre alt und hatten ein reiches Leben. Wie fühlt man sich da?“ Der Gefragte zögerte einen Augenblick mit der Antwort. Dann sagte er: „Ach, wissen Sie, wenn ich des Nachts manchmal wach liege, höre ich mein Herz schlagen und denke mitunter: das schlägt nun schon über 80 Jahre lang Sekunde um Sekunde, und dann überkommt mich eine ganz große Verwunderung und Dankbarkeit. Ist das Herz eines Menschen nicht ein großes Wunder, und auch sein Gehirn? Wir Menschen sind von Gotteswundern umgeben. Was bedeutet da die eigene Lebensleistung! Es ist doch alles nur Gnade.“ Voller Überzeugung sagte er es noch einmal: „Mein Lebensgefühl? Verwunderung und Dankbarkeit!“

Inzwischen habe ich manches von Algra gelesen und mich über ihn informiert. Er hat sein ganzes Leben hindurch ein warmes Herz für die armen und einfachen Menschen behalten, aus denen er selbst hervorgegangen ist. Seines christlichen Glaubens hat er sich niemals geschämt, sondern sich dazu bekannt, wo immer es möglich war.

Es macht Freude, von Menschen zu hören, die sich ihre Erfolge nicht selber zuschreiben, die demütig geblieben sind und Gott die Ehre geben. Darin zeigt sich wahre Größe.

Stephen

Vor ein paar Jahren hatten Annemarie und ich einen jungen Afrikaner zu Gast. Sein Besuch machte uns Freude.

Er hieß Stephen.

Stephen, der in Ghana den Beruf des Bankkaufmanns erlernt hat, wollte sich vorübergehend in Düsseldorf und später in Amerika weiterbilden.

Er gehört der methodistischen Kirche an und geht an einem Sonntag zum Gottesdienst der Evangelischen Methodistischen Kirche. Dort richtet er Grüße aus von daheim. Eine alleinstehende ältere Frau wendet ihm ihre besondere Aufmerksamkeit zu. Vor der Kirchen-tür spricht sie ihn an. Das wiederholt sich an den folgenden Sonntagen. Stephen kann erst wenige deutsche Sätze sprechen, versteht die Sprache aber schon gut.

In der Adventszeit lädt Frau Herta ihren jungen Freund zu sich ein. Sie ist eine eifrige Hörerin des Evangeliums-Rundfunks ERF. An dem Abend als Stephen bei ihr zu Besuch ist, sendet der ERF einen Vortrag mit dem Titel: „Zeugen Jesu Christi in aller Welt". Der junge Afrikaner ist ganz Ohr. Er saugt die Botschaft in sich hinein.

Nach Beendigung der Sendung geschieht etwas Unerwartetes. Stephen tritt vor Frau Herta hin und sagt in gebrochenem Deutsch: „Ich nicht mehr Bankkaufmann werden. Ich Missionar in Afrika werden. Ich Gottes Stimme gehört, und ich habe gesagt: Hier bin ich, sende mich".

Wie sollte der Weg nun weitergehen? Die Frau berät sich mit Freunden. Alle Beteiligten beten um Gottes gnädige Führung und dann steht es fest: Stephen wird sich in St. Chrischona bei Basel einer theologischen Ausbildung unterziehen.

Vier Jahre lang hat der Mann aus Ghana dort eifrig

studiert und seine Prüfungen mit Erfolg abgeschlossen.

6.000 Kilometer von seiner Heimat und seinen Eltern entfernt hat der himmlische Vater ihm in Deutschland eine Pflegemutter geschenkt, die in den Ausbildungsjahren wie eine echte Mutter für ihn sorgte. Auch in den weiteren Jahren hat sie ihm in jeder Beziehung beigestanden.

Stephen wurde vom Evangeliums-Rundfunk in den Dienst gerufen. In Wetzlar wurde er in die Arbeit der Medien eingeführt und auf journalistischem und technischem Gebiet geschult. Danach bekam er den Auftrag, in Nairobi, Kenia, mit einer evangelistischen Radioarbeit zu beginnen.

Auf diesen Arbeitszweig von Trans-World-Radio hat der Herr Jesus Christus seinen besonderen Segen gelegt.

Täglich sind in einigen afrikanischen Ländern die Radiosendungen mit der frohen Botschaft von Christus zu hören. Dabei werden auch praktische Ratschläge zur Bewältigung des Alltags gegeben.

Stephen, seine Frau Grace und ihre Kinder sind eine glückliche Familie. Er und seine Mitarbeiter sind nicht unangefochten, dennoch stehen sie mit großer Freude im Dienst des Evangeliums.

Möge der Herr der Mission sie weiterhin für viele Menschen zum Segen setzen.

Vom Beten

Eines meiner liebsten Rembrandt-Bilder trägt den Untertitel: Jakob ringt mit dem Engel. Was auf diesem Gemälde dargestellt wird, ist für mich immer noch eine geheimnisvolle Geschichte: Der Engel blickt liebevoll auf Jakob herab. Aber der Mann, der so verzweifelt kämpft, sieht das nicht; er streitet verbissen und hat doch schon verloren. Der Engel hat ihn fest im Griff, aber er sieht ihn freundlich an. Jakob bekommt einen neuen Namen. Er ist gesegnet.

Hat er den Kampf also doch nicht verloren?

Ging es bei diesem Kampf um einen Gebetskampf?

Was Jesus im Garten Gethsemane erlebte, war so ein Gebetskampf. Allerdings ist sein Gebetskampf mit keinem anderen zu vergleichen.

Aber wäre es nicht gut, einmal darüber nachzudenken, inwieweit unser Beten noch ein Ringen um den Sieg Jesu über die Mächte der Finsternis ist? Liegt es uns überhaupt am Herzen, daß Menschen gerettet werden, daß die Sache Jesu weltweit vorankommt? Oder ist unser Beten nur ein Aufsagen wohlformulierter Sätze in der Sprache Kanaans?

Wer müßte da nicht an seine Brust schlagen und Buße tun?!

Damit ist aber beileibe nicht gemeint, daß Beten nur in Notsituationen angebracht sei. Was sollte ein Vater denken, wenn sein Kind nur zu ihm käme, wenn es Probleme hätte? Gott hat das Allerbeste mit uns vor. Er hat das bewiesen, indem er sein Allerbestes, seinen Sohn, für uns dahingab: „Sollte er uns mit ihm nicht alles schenken?“

Wir sollten mit größerem Ernst um Liebe beten. Gott ist es, der Beginn, Wachstum und Vollendung in der Liebe schenkt. Wir können unserem himmlischen Vater keine größere Freude machen, als um die, vom heiligen Geist gewirkte, Liebe zu beten.

Ein liebender Mensch bereichert die Welt, auch wenn er in der Einsamkeit lebt, wenn er krank oder alt ist.

Ein Wort von Fritz Grünzweig sprach mich an: „Im Alter versuche ich meine Kräfte treu zu nützen, zumal in der Bibel steht: ‘Sei getreu bis in den Tod’. Es steht da nicht . . . bis zum 65. Jahr.“

Ich vergleiche mich heute oft mit meinem Vater,

wenn er einen Acker besät hatte. Er nahm, ehe er nach Hause ging, kurz die Mütze vom Kopf und befahl die noch nicht in Erscheinung getretene Saat Gottes Schutz und Segen an.

Um das Gute wahrzunehmen

Um das Gute wahrzunehmen in unserer Umgebung und auch im Reiche Gottes, brauchen wir besondere Aufmerksamkeit und Kraft.

Das Negative übt einen unglaublichen Einfluß auf uns aus. Der Teufel zerstört und bringt durcheinander. Das war von Anfang an so. Aber wir tun ihm zu viel Ehre an, wenn wir vorwiegend nur das sehen, was er anrichtet.

An den Sieg Jesu glauben, das heißt auch, die Aufmerksamkeit des Herzens auf ihn und sein Tun richten.

Der alte Bauer

Ich erinnere mich an ein Ravensberger Bauernhaus, umgeben von hohen Bäumen.

Es ist ein Sommernachmittag. Ich will den alten Bauern besuchen und freue mich auf die Begegnung mit ihm. Er ist, gemessen an der Mehrzahl der älteren Dorfbewohner, ein besonderer Mann.

Der Hund schlägt an, als ich die lange Deele betrete, aber er scheint mich zu kennen und legt sich schnell wieder hin.

Es ist ganz still im Haus. Die Jungen sind auf dem Feld. Der Bauer sitzt in seinem Stuhl. Er sieht mir freudig entgegen.

Auf einem Tisch neben ihm liegen Bibel und Gesangbuch. Nicht etwa als Dekoration. Beide Bücher sehen gebraucht und zerlesen aus.

Der Bauer bringt das Gespräch schnell auf geistliche Dinge. Auch heute sagt er: „Ich habe in der Familie und in der Verwandschaft keinen, mit dem ich darüber reden könnte."

Einmal hat er mir seine Bekehrungsgeschichte erzählt. Erst mit 70 Jahren ist er zum Glauben gekommen. Seither sind Bibel und Gesangbuch seine liebsten Bücher. In ihnen ist er zu Hause.

Das wird auch bei dem heutigen Besuch wieder deutlich. Ich staune über seine Erkenntnis, seinen Glauben und seine Hoffnung.

Wir beten noch miteinander. Auch er betet. Das erlebe ich fast nie.

Er begleitet mich noch bis ans Hoftor und winkt mir nach.

„Gott ist ein Gott der Gnade", hat der alte Bauer gesagt.

Das nehme ich mit.

Hermann Friedrich Kohlbrügge

Seine Theologie wird in den reformierten Kirchen der Niederlande seit Jahrzehnten geschätzt. Sein Name ist mit der Stadt Utrecht und ihrer Universität eng verbunden. Dort hat er promoviert: Hermann Friedrich Kohlbrügge (1803 - 1875).

In der Bibliothek der Utrechter Universität befindet sich das Kohlbrügge-Archiv. Man findet dort nicht nur seine gesammelten Werke, sondern auch die Bücher, die über ihn geschrieben wurden.

Kohlbrügge war seit 1847 Pastor an der Reformierten Gemeinde in Elberfeld.

Wie segensreich eine betende Großmutter im Leben eines Menschen sein kann, zeigt folgende Geschichte:

Zu Anfang des vorigen Jahrhunderts hatte Napoleon auch in den Niederlanden seine Herrschaft ergerichtet. Sie hatte im Hause des Seifensieders Hermann Kohlbrügge in Amsterdam bittere Not hervorgerufen.

Durch die Festlandssperre war der Seeverkehr nach England unterbunden worden. Es waren keine Geschäfte mehr zu machen. Handel und Wandel ruhten.

Auch in Kohlbrügges Seifenfabrik waren die Arbeiter entlassen worden. Die Fabrik trug den stolzen Namen "Die Kaiserkrone".

Mit sorgenvollem Gesicht ging der Fabrikbesitzer in den leeren Räumem seines Hauses umher. Da kein Geld mehr hereinkam, war schon bald Schmalhans Küchenmeister. Die Mutter litt am meisten darunter, daß ihre heranwachsenden Kinder nicht mehr genug zu essen hatten. Besondere Sorgen machte sie sich um ihren Ältesten, dessen Gesundheit nicht die beste war. Eines Tages fragte sie ihren Mann: „ Sollen wir den Jungen nicht für ein paar Wochen zu meiner Mutter nach Edam schicken?" Der war mit dem Vorschlag seiner Frau einverstanden. Hermann Friedrich war damals sieben Jahre alt.

An einem trüben Herbsttag wanderte der kleine Junge nach Edam und wurde von seiner Großmutter herzlich aufgenommen.

Anna Wanderhorst war noch eine rüstige Frau. Sie lebte im Wort Gottes und hatte die Gabe, gut und spannend erzählen zu können.

Ihr Enkel Hermann Friedrich war ein guter Zuhörer. Seine Großmutter liebte den besinnlichen Jungen. Bei seiner Ankunft schloß sie ihn in die Arme und fragte: „Wie lange darfst du bleiben?" Sie war glücklich, als sie hörte, er dürfe einige Wochen bleiben.

Doch jetzt wurde der kleine Gast erst einmal auf einen

der hohen Stühle gesetzt und an den offenen Herd geschoben. Unter dem glänzenden Messingkessel brannte ein helles Feuer. Die Großmutter bereitete dem Jungen eine Tasse Tee und gab ihm zu essen. Dann setzte sie sich zu ihm und ließ sich von Zuhause erzählen. Der Junge hatte begriffen, woher die Not kam. Er erzählte von der französischen Einquartierung aber auch von den kleinen Freuden und Leiden seines Kinderlebens. Die Großmutter hörte ihm gespannt zu, aber auch mit einer leisen Verwunderung. Wie lieb und verständig das Kind plauderte! Sie war glücklich, es bei sich zu haben.

Es wurden schöne Tage und Wochen für Hermann Friedrich im Hause der Großmutter. Draußen heulte der Wind, der Regen schlug an die Fensterscheiben, aber im Hause war es gemütlich.

Der Junge konnte stundenlang vor dem weißen Kachelofen aus Delfter Porzellan stehen, auf dem die Geschichten der Bibel dargestellt waren. Wenn die Großmutter am Nachmittag mit ihrer Hausarbeit fertig war, erzählte sie dem Enkel die Geschichten, die zu den Bildern gehörten. Eine Kachel nach der anderen wurde betrachtet und erklärt.

Der Vorrat an Großmutters Geschichten schien unerschöpflich zu sein, und ihr Enkelsohn wurde nicht müde, ihr zuzuhören.

In jenen Stunden wurde die Liebe zum Wort Gottes in dem Jungen vertieft, die durch seinen Vater geweckt worden war.

Jahrzehnte später dachte Kohlbrügge noch gern zurück an jene Wochen bei der Großmutter. Er rühmte ihr lebendiges Erzählen und sagte, er habe damals alles bildlich vor sich gesehen, angefangen beim Paradies mit Adam und Eva und dem Sündenfall. „Ich sah alles vor mir, den Engel in weißem Kleid und mit dem flammenden Schwert, der die ersten Menschen aus dem Paradies trieb, und dann war es mir, als werde ich selbst hinausgetrieben.

Auch brachte mich die Großmutter mit ihren Worten einmal in einen Schweinestall. Dort saß ein junger Mann mit sehr feinen Zügen, der begehrte zu essen, was die Schweine fraßen, aber er konnte nicht zu dem Trog kommen. Dann dachte ich immer, daß ich dort säße. Auch brachte sie mich zu einer Krippe und erklärte mir, daß das kleine Kind, das dort lag, mein König sei."

Viel später, als Kohlbrügge Pfarrer in Elberfeld war, sagte er einmal in einer Predigt über die Emmaus-Jünger: „Schon als Junge hörte ich diesen Teil des Evangeliums besonders gern. Dabei wünschte ich mir jedesmal, ich hätte heimlich diesem Gespräch beiwohnen können. Wie würde ich da gelauscht haben auf alles, was der Herr Jesus den beiden Männern erklärte und wie er ihnen die Schrift öffnete, wie er ihnen alles auslegte, was bei Mose steht und bei den Propheten. Und dann bat ich schon als Kind den Herrn, er wolle auch mich unterweisen und mir die Schrift auftun. Das hat er dann auch getan."

Er hat einen weiten und schweren Weg durchs Leben gehabt, der kleine Hermann Friedrich Kohlbrügge, dem in jener dunklen Zeit im Hause der Großmutter die Liebe zum Wort Gottes ins Herz gepflanzt wurde. Auf seinem Wege schöpfte er Kraft aus der Heiligen Schrift im Alten und im Neuen Testament, und zwar in einer Zeit, in der es nur wenige wagten, die ganze Schrift als Wort Gottes zu verkündigen.

Kohlbrügge war es, der der Gemeinde den auferstandenen Herrn bezeugte und allen wissenschaftlichen Verächtern zum Trotz aus dem Wort Gottes lebte.

Einer seiner Biographen hat während des Kirchenkampfes über ihn gesagt: „Er war unter den Theologen des 19. Jahrhunderts trotz aller Verkennung der Zeuge des biblischen Wortes, ein Kenner und Künder der Heiligen Schrift, wie uns nach Luther ein zweiter bisher nicht geschenkt wurde."

Daß er solch ein treuer und gesegneter Zeuge seines Herrn wurde, hatte er auch dem Dienst seiner gesegneten Großmutter zu verdanken.

Zu lange geschwiegen

Eines meiner Lieblingsbücher ist Selma Lagerlöfs „Gusta Berling".

Man wird beim Lesen in eine Welt versetzt, die voll ist von phantastischen Abenteuern und wunderlichen Geschichten. Gut und Böse, Licht und Finsternis führen ihren Streit in den Herzen der Menschen. Manchmal deutet alles darauf hin, als habe der Teufel die größeren Chancen, den Streit zu gewinnen. Doch gegen Ende der Erzählung werden alle Fäden gebündelt und laufen auf eine positive Lösung zu.

An einer Stelle des Buches wird geschildert, wie die hochgeschätzte Frau Majorin stirbt. Sie liegt mit hohem Fieber darnieder. Die Kammertür ist verschlossen. Niemand darf zu ihr. Da breitet sich über alle Beteiligten, über das ganze Anwesen eine seltsame Traurigkeit aus. Nicht in erster Linie, weil die Majorin nun sterben muß, sondern weil ihr alle noch so gern etwas Gutes gesagt hätten.

An dieser Stelle unterbricht Selma Lagerlöf den Fluß ihrer Geschichte und fügt ein, daß das im Leben der Menschen leider oft vorkomme, daß sie zu lange schwiegen. Sie sagten nicht früh genug, was sie eigentlich hätten sagen wollen - und dann sei es auf einmal zu spät.

Wie recht hat die Dichterin!

Mancher klagt sich an: Hätte ich doch damals, als es noch Zeit war, ein Wort der Liebe, des Friedens, der Versöhnung und der Überbrückung gesagt!

Wandel ohne Worte

In meinen ersten Jahren in Bethel wurde in unserem Mutterhaus das Thema „Wandel ohne Worte“ lebhaft diskutiert. Einige meinten, wenn eine Diakonisse liebevoll ihre Kranken pflege, erübrige sich ein münd-liches Bekenntnis.

Unser Direktor, Pastor Meyer, sagte nach meiner Meinung damals das entscheidende Wort: „Eines nicht ohne das andere: Eine Schwester sollte nicht mit frommen Worten um sich werfen, aber im entscheidenden Augenblick ihren Mund auftun.“

Daran wurde ich erinnert als ich über einen Pfarrer las, der vor Jahren in einer südfranzösischen Stadt von einem Kellner bedient wurde, der eine besondere Freundlichkeit ausstrahlte. Er erkundigte sich bei dem Wirt nach der Herkunft des jungen Mannes und erfuhr, daß es sich bei ihm um einen sogenannten Arbeiterpriester handelte.

Der Pfarrer kam hinterher noch mit ihm ins Gespräch und fragte, warum er denn mit den Menschen keine Gespräche suche. Seine Antwort: „Nein, mir genügt das einfache Dasein für die Menschen, die Art, wie ich ihnen zuhöre und ihnen diene. Ich nehme sie nachher in mein Gebet, das bereitet der Botschaft den Weg.“

Es ist wohl wahr: Auch im schweigenden Dasein kann der Geist Gottes wirken, und die Ausstrahlungskraft eines liebenden Herzens bleibt nicht verborgen. Andererseits ist das Bekenntnis mit dem Mund und die Verkündigung durch das Wort unaufgebbar.

Israels Holz war hart genug

In einem Essay von Bert von Heiseler fand ich einige interessante Sätze über das Volk Israel:

„Kafka, der Jude aus Prag, war der Sohn eines Volkes, das unter allen Völkern das am meisten irdische ist. Die Griechen, die Germanen, die Inder - wie willig zur Transzendenz ist die Seele dieser Völker!

Wie 'religiös veranlagt' sind sie im Vergleich mit der Erdenschwere Israels! Aber gerade dieses Volk ist auserwählt worden, die Offenbarung des lebendigen Gottes zu erfahren. Warum?

Bildhauer wissen, daß für bestimmte Zwecke das weiche eindrucksfähige Holz nicht taugt.

Die Offenbarung, der Seele des indischen Volkes anvertraut, wäre vielleicht zur tiefsinnigen Legende geworden; bei den Germanen zu einem sehnsüchtigen Wolkentraum. Nur Israels Holz war hart genug, um die Spur von Gottes Meißel, gegen den es sich wehrte, von dem es nichts wissen wollte, dem es wieder und wieder zu entkommen suchte, unverwischt durch die Jahrtausende zu tragen und so zu einem Zeugnis der Heilsgeschichte Gottes in seiner Welt zu dienen.

Die Juden hätten wahrhaftig von Metaphysik nicht geträumt, wenn sie sie nicht sehr leibhaftig zu spüren bekommen hätten; ihr Sinn war seit jeher auf das Gut dieser Welt, auf die Zahl ihrer Herden und auf die Süßigkeit irdischer Liebe gerichtet. Aber da stand Gott, der von sich sagt: 'Ich bin, der Ich bin' auf ihrer Schwelle, in der Wirklichkeit, die gebietet und das Herz unterwirft."

Kranke Kinder pflegen

Als unsere Vorsteherin, Schwester Anna Heuser, mir einst vorschlug, die Kinderkrankenpflege zu erlernen, war ich nicht begeistert.

Säuglinge? Was konnte man mit denen schon anfangen? Ich hatte kein Verhältnis zu ihnen.

Und dann wurde mir gerade die Arbeit an den Kindern zur großen Freude. Ich hatte mich getäuscht: Man konnte sich sehr wohl mit ihnen unterhalten! Sogar mit den Allerjüngsten.

Leider fiel meine Arbeit im Kinderkrankenhaus in die Kriegsjahre und wurde davon stark geprägt.

Oft gab es in den Nächten Fliegeralarm, manchmal zwei- oder dreimal. Das bedeutete, alle kranken Kinder in den Luftschutzraum zu bringen und nach der Entwarnung zurückzuholen.

Als wir Schwestern schon beinahe am Ende unserer Kräfte waren, beschloß die Stadtverwaltung Bielefelds, alle Krankenhäuser zu evakuieren.

Diesen Umzug von Bethel nach Eckhardtsheim in der Senne mit den vielen kranken Kindern und dem ganzen Zubehör wird niemand vergessen, der ihn miterlebt hat. Am Ziel angekommen und dort notdürftig eingerichtet, erfüllte uns eine tiefe Dankbarkeit. Endlich durften wir wieder durchschlafen! Wir atmeten auf.

Doch die Arbeit an den Kindern wurde durch die Kriegsereignisse mehr und mehr erschwert. Einige der kleinen Patienten starben, ohne daß es uns gelang, die Verwandten zu benachrichtigen. Wir begruben sie auf dem Eckhardtsheimer Friedhof.

Eine gute Erinnerung habe ich an „unsere“ Gisela. Sie wurde uns als schwerkranker Säugling gebracht. Wir konnten sie hochpeppeln. Die Briefe an die Mutter kamen als unzustellbar zurück. Immer wieder. So blieb Gisela bei uns, von allen geliebt, besonders von ihrer Saaltante, Schwester Lieselotte. Der Chefarzt sagte uns im Kursus: „Wenn Sie mal ein gesundes Kind sehen wollen, schauen Sie sich unsere Gisela an."

Nach einem Jahr ging es wie ein Lauffeuer durchs Haus: „Giselas Mutter ist gekommen! Sie will ihr Kind abholen!"

Ich denke, heimlich sind ein paar Tränen geflossen. Gesehen habe ich allerdings keine.

Was traurig macht

Das langsame Aussterben der Diakonissen-Mutterhäuser macht nicht wenige Menschen traurig und wirft manche Frage auf.

Aufhalten können wir diese Entwicklung nicht. Vielleicht ist tatsächlich die Zeit der Mutterhausdiakonie vorbei, und das einst so blühende und segensreiche Werk wird bald der Vergangenheit angehören.

Daß auch große christliche Werke vergehen können, dafür sind die Ruinen des Klosters Cluny in Frankreich ein sprechendes Beispiel. Sie lassen eine imponierende Anlage ahnen.

Hunderte von Mönchen haben dort gelebt und gewirkt. Nach dem Vorbild von Cluny entstanden in vielen Ländern neue Klöster.

Ein Gang durch die von Gras, Moos und grünem Strauchwerk überwucherten Mauerreste und geborstenen Säulen und Rundbögen stimmt den Besucher wehmütig.

Hier vernimmt er die Sprache der Vergänglichkeit alles Irdischen.

Amalie Sieveking

Seit wir im diakonischen Oberkursus über Amalie Sieveking gesprochen haben, denke ich mit Respekt an diese Frau.

Sie stammte aus einer einflußreichen Hamburger Kaufmanns- und Senatorenfamilie und lebte von 1794 bis 1859.

Amalie Sieveking ging, für die damalige Zeit ungewöhnlich, eigenständig ihren Weg. Sie übernahm diakonische Aufgaben und regte auch andere Frauen dazu an. Sie war eine Freundin der Armen und Kranken, hatte auch Freude am Unterrichten und fand, daß „lernend und lehrend das Leben eine Lust sei".

Und auch das imponiert mir: Es ist dieser Frau wichtig gewesen, zu einer klaren Glaubensüberzeugung zu kommen. Mehr und mehr löste sie sich aus dem Geist des Rationalismus, in dem sie erzogen wurde und fand zu einem persönlichen Glauben an Jesus Christus.

Wie sie schrieb, war es ihr ein Bedürfnis, in allen geistigen Angelegenheiten zu einer größt möglichen Klarheit zu gelangen. Amalie Sieveking hatte einen kritischen Verstand und ein gesundes Selbstbewußtsein. Sie ging, unabhängig von der Meinung anderer, ihren Weg.

Sie ging ihn aber in dem Wissen, von Gott geführt zu sein.

Friede unter dem Kreuz

Bei einem Vortrag, den ich auf einer christlichen Konferenz in Utrecht hörte, prägte sich mir eine Passage tief ein.

Der Redner erzählte:

„Auf einer Reise durch Südafrika hatte ich vor zehn Jahren ein besonderes Erlebnis.

In Johannesburg herrschten Spannung und Unsicherheit, denn kurz zuvor war auf eine weiße Lehrerin ein Anschlag verübt worden.

Ich spürte diese Spannung und fühlte mich beim Gang durch die Straßen der Stadt sehr groß und sehr weiß. Noch nie hatte ich mich so weiß gefühlt. Es war mir unbehaglich zumute.

Da entdeckte ich eine geöffnete Kirche an meinem Weg und trat ein. Erst meinte ich, ganz alleine zu sein. Doch dann sah ich den kleinen schwarzen Mann vor dem Altar mit dem gekreuzigten Christus stehen. Er hatte die Fäuste geballt und erhoben. Er sprach aufgeregt, zornig, eine lange Zeit. Doch dann veränderte sich das Bild. Die geballten Fäuste des Mannes lösten sich und die Arme fielen herab. Er wurde stiller. Und dann hörte ich deutlich drei englische Wörter: 'Thank you, Lord.' (Danke, Herr.)

Der Mann hatte mich bis dahin nicht bemerkt. Doch nun drehte er sich um und sah mich wie angewurzelt stehen. Da geschah das zweite Wunder: Ein Strahlen ging über sein Gesicht. Er kam auf mich zu und reichte mir die Hand.

Seit dem Tage weiß ich es noch deutlicher: Nur der gekreuzigte Christus bringt uns den wahren Frieden."

Der Tunnel

Mit verminderter Geschwindigkeit schiebt sich der Zug langsam höher und höher. Nun hat er es geschafft, er fährt in den Bahnhof von Göschenen ein und kommt erst einmal zur Ruhe. Man könnte meinen, hier sei die Fahrt zu Ende. An allen Seiten sieht man steile Bergwände und ganz nah vor uns die steilste von allen: die Mauer des St. Gotthard.

Doch dann beginnen die Räder des Zuges wieder zu rollen. Er fährt direkt auf die drohende Wand zu - und hinein in das Mauseloch unten am Fuße des Bergriesen.

In den Wagen gehen die Lichter an. Es ist ein trübes Licht, zum Lesen reicht es nicht. Die Mitreisenden legen die Zeitungen zur Seite und schließen die Augen. Für sie scheint diese Fahrt durch den Tunnel nichts Besonderes zu sein. Ich dagegen finde sie sehr aufregend. Zwanzig Minuten lang werden wir durch diese undurchdringliche Finsternis in eisiger Kälte dahinjagen, fünfzehn Kilometer weit.

Ich stelle mir die gewaltigen Gesteinmassen vor, die uns umgeben. Wenn die einstürzen! Ich denke an den Bau des Tunnels, an die vielen Menschen, die sich Meter für Meter tiefer in den Berg eingruben, bis der lange Durchbruch geschafft war.

Ich vernehme den angsteinjagenden Lärm! Man müßte in Panik geraten, wenn man nicht wüßte, daß er dazugehört.

Doch was ist das? Ich sehe erste Lichtfetzen an den Wänden des Tunnels. Tatsächlich: Sie künden schon den Ausgang an.

Und dann erreichen wir Airolo. Eine ganz andere Landschaft empfängt uns. Wir steigen aus und staunen: In Göschenen hatte es geregnet. Aber hier im Tessin grüßt uns ein blauer Himmel, und die Welt leuchtet im Sonnenschein. Wir hören Vogelgesang und in der Ferne das Dengeln einer Sense. Es wirkt alles ein bißchen traumhaft - und ist doch so echt.

Und auch hier wieder das Zeichenhafte, das solch ein Erlebnis unvergeßlich macht: Das schwere Leid, das manche zu tragen haben, wäre leichter, wenn sie wüßten: ach, es ist nur ein kurzer dunkler Tunnel, bald bin ich wieder im Licht und in der Freiheit! Diese Hoffnung würde ihnen Kraft geben. Aber bei einem bestimmten Tunnel wird es so sein - bei dem allerletzten, durch den wir alle hindurchmüssen.

Diese Gewißheit wird uns durch den zuteil, der uns vorangegangen ist und von dem der Liederdichter sagt: „Er kann durch des Todes Türen träumend führen und macht uns auf einmal frei."

„Die Schwalbe hat ihr Nest gefunden"

Wer wie ich auf dem Dorf groß geworden ist, erinnert sich gewiß noch an die Nester der Hausschwalben auf den Deelen der Bauernhäuser und an ihren Dachrändern. Die kunstvoll gebauten Nester aus Lehm, Sand und Mist waren fest und haltbar. In ihnen wuchs im Sommer zweimal eine hungrige Kinderschar heran. Die Eltern flogen tagsüber beinahe ununterbrochen aus und ein, um die Kleinen satt zu bekommen.

Die Schwalben kommen im Frühjahr zeitig zurück. Daraus wird das Sprichwort „eine Schwalbe macht noch keinen Sommer" entstanden sein.

Die Schwalben gehören zu den Zugvögeln. Sie legen zweimal im Jahr einen unvorstellbar langen Weg zurück: Bis zu 80.000 Kilometer sollen es sein. Wie finden diese kleinen Tiere, deren Fettgehalt aus zwei Gramm besteht und deren Gehirn nur ein halbes Gramm wiegt, ohne Kompaß und ohne Karte ihren Weg?

Ein Staunen über diesen wunderbaren Naturvorgang entnehme ich auch den Worten des Propheten Jeremia: „Der Storch unter dem Himmel weiß seine Zeit, Turteltaube, Kraniche und Schwalben halten die Zeit ein, in der sie wiederkommen sollen, aber mein Volk will das Recht des Herrn nicht wissen."

Die Klage des Propheten spricht von der Trauer Gottes

über uns Menschen, die wir zu ihm hin geschaffen sind, aber doch oft so fern von ihm leben.

Im 84. Psalm finden wir den schönen Satz: „Die Schwalbe hat ihr Nest gefunden."

Was will der Beter damit sagen? Die Schwalbe ist ein Vogel, der beinahe pausenlos in Bewegung ist. Aber auch er braucht ein Plätzchen zum Ausruhen. Im Rauchopferaltar des Tempels? Das wäre zu gefährlich gewesen. Die Priester hätten es verhindern müssen. Aber irgendwo im Gebälk des Tempels gab es für sie gewiß einen Ort der Geborgenheit, der Ruhe.

Das wird dem Psalmsänger zum Bild: So wie die Schwalbe einen Ruheplatz braucht, so braucht auch das unruhige Menschenherz einen Zufluchtsort. Es kann ihn nur bei Gott finden.

Christliche Symbole

Die meisten christlichen Symbole, die wir heute gebrauchen, stammen aus der frühen Zeit der Christenheit.

Die bartlose jugendliche Gestalt des Hirten, der meistens mit einem wiedergefundenen Schaf auf seinen Schultern dargestellt wurde, war das Christussymbol schlechthin.

Ebenso alt ist das Symbol des Fisches. Das griechische Wort "Ichthys" (Fisch) in die einzelnen Buchstaben zerlegt, besteht aus den Anfangsbuchstaben des Satzes: „Jesus Christus, Gottes Sohn, Weltheiland."

Der Weinstock versinnbildlicht die enge Verbundenheit der Jünger mit ihrem Meister (Joh. 15).

Das Schiff wird schon seit langer Zeit als Symbol für die Kirche gebraucht: Jesus Christus ist mit im Schiff auf den stürmischen Meeren dieser Welt.

Alpha und Omega, der erste und der letzte Buchstabe des griechischen Alphabets, bedeuten Anfang und Ende: Gott besteht von Ewigkeit zu Ewigkeit.

Der Anker als Symbol für die endzeitliche Hoffnung der Christen ist auch weithin bekannt: „So sollten wir festhalten an der angebotenen Hoffnung. An ihr haben wir einen sicheren und festen Anker unserer Seele“ (Hebr. 6,18 und 19).

Die Symbolik des Kreuzes ist nicht vor dem Jahr 250 nachweisbar. Es wurde anfänglich nur sehr zurückhaltend verwendet, denn noch wurde überall die Todesstrafe in der Form der Kreuzigung vollstreckt, bis Konstantin diese Art der Hinrichtung endlich abschaffte.

Später wurde das Kreuz zum meistgebrauchten Symbol für Jesus Christus.

Jesus bleibt für uns Menschen eine geheimnisvolle Gestalt von einzigartiger Größe. Er hat in seiner Person und mit seiner Botschaft eine derartig gewaltige Wirkung ausgeübt, daß man ihre Reichweite bis heute nicht abzusehen vermag.

Bei allen anderen Größen der Geschichte wissen wir auch um Fehler. An Jesus aber kennen wir Fehler nicht. Sein Leben, sein Handeln, jede einzelne Entscheidung stimmen so vollkommen mit seiner Botschaft überein, daß uns ein ehrfürchtiges Staunen überkommt, wenn wir diese Ganzheit und Ungebrochenheit bedenken.

Von der Wohltat des Weinens

Das Leben lehrt uns, heute manche Erziehungsgrundsätze in Frage zu stellen, auf die die Gesellschaft früher schwörte.

In manchen Kreisen wurde es Kindern in der Vergangenheit eingeprägt: „Nicht weinen, man muß die Zähne zusammenbeißen!“ Den kleinen Buben sagte man: „Du willst doch ein Mann werden! Männer weinen nicht.“

Und so kommt es, daß sich gerade Männer der Tränen schämen. Sie verbergen sie oder weinen sie nach innen. Und dabei ist das Weinen nicht nur der allerpersönlichste Ausdruck einer Gemütsbewegung, sondern auch einer der menschlichsten.

Weinen und Lachen sind eine internationale Sprache, die überall in der Welt verstanden wird.

Hier soll keiner weinerlichen Haltung das Wort geredet werden. Es hängt auch mit der Veranlagung des Menschen zusammen, ob ihm leicht die Tränen kommen oder nicht. „Mancher hat nahe am Wasser gebaut“, heißt es etwa.

Wer immer seine Tränen unterdrückt, sie herunterschluckt, ist in der Gefahr, auch seine Gefühle zu unterdrücken. Das kann in mancherlei Hinsicht gefährlich werden. Ungeweinte Tränen, eingesargter Kummer können verheerende Folgen haben für die seelische Gesundheit eines Menschen.

In dem Buch „Die Brüder Karamasow“ von Dostojewski gibt es eine bemerkenswerte Stelle: Der Knabe Aljosja weint aus seinem Kummer heraus herzzerbrechend. Heiße Tränen rollen ihm übers Gesicht. Sein Vater steht dabei und sagt: „Junge, wein’ doch nicht, das paßt doch nicht zu dir.“ Aljosja hört einen Augenblick auf, sieht seinen Vater an und beginnt aufs Neue zu heulen. Er kann nicht dagegen an. Da sagt sein Vater: „Weine nur, Christus hat dir die Tränen geschenkt.“

Ein wahres Wort. Es ist ein Geschenk des Schöpfers an uns Menschen, daß wir weinen können. Tränen erleichtern das Herz. Sie sind wie ein Überdruckventil. Das gilt für Männer wie für Frauen.

Dazu ein Zitat von Charles Dickens: „Wir alle täten gut daran, unseren Tränen ab und zu freien Lauf zu lassen: Wir brauchen uns ihrer, weiß Gott, nicht zu schämen. Sie sind doch Regen auf den Staub der Erde, der uns blind macht und unsere harten Herzen bedeckt."

Jesus hat auch geweint. An einigen Stellen berichtet das Neue Testament davon. Am Grabe seines Freundes Lazarus hat er still geweint. Der Kummer überwältigte ihn.

Ganz anders war das Weinen des Herrn über die Stadt Jerusalem: Er befand sich inmitten des Jubels der Festpilger. Beim Anblick der Stadt überfiel ihn eine tiefe Traurigkeit über die ablehnende Haltung der Menschen, die nicht auf seine Einladung hören wollten. Es waren Tränen des Guten Hirten über seine irrende, verlorene Herde.

Paulus - ein Mann von Format

Einmal mußte ich darüber nachdenken, wie der Apostel Paulus wohl die Gemeindeversammlungen eingeleitet hat.

Da es das Neue Testament noch nicht gab, konnte er nicht mit dem Lesen eines Textes aus den Evangelien oder Briefen beginnen.

Erstaunlich: Der große Heidenmissionar hat ohne das Rüstzeug der Evangelien die Botschaft Jesu verkündigt, und zwar in fast allen Provinzen des römischen Weltreiches! Er, dessen Gestalt uns in der Apostelgeschichte und in seinen Briefen so plastisch vor Augen tritt, konnte nur auf alttestamentliche Texte zurückgreifen. Ob er eine oder mehrere Schriftrollen bei sich trug?

Paulus war, schon rein menschlich gesehen, eine faszinierende Figur. Wir würden ihn heute als einen Intellektuellen bezeichnen. Er besaß das Bildungsgut seiner Zeit und konnte seinen scharfen Verstand spielen lassen. Aber damit überzeugte er die Menschen nicht, sondern mit der Glut seines Glaubens. „Nicht ich, sondern Christus in mir“: diese beliebte Wendung in seinen Briefen war das Geheimnis seiner gesegneten Wirksamkeit.

Bei allem geistigen Format scheint dieser Mann nie überheblich und nie unnahbar gewesen zu sein. Er wußte um die Schwächen der menschlichen Natur und schämte sich auch nicht seiner Gefühle.

Vor meinem inneren Auge sehe ich Rembrandts Bild: Paulus im Gefängnis in Rom. Sein Gesicht spricht von tiefem Leiden, von Trauer, Wehmut, Sorge, Sehnsucht, aber auch von Vertrauen.

Ich wage es nicht, dafür Worte zu suchen.

Gottes Schöpferhände

In einer holländischen Zeitschrift las ich, amerikanische Wissenschaftler hätten herausgefunden, daß der erste Mensch aus Lehm entstanden sei. Der Artikelschreiber schloß mit den Worten: „Durch die Lehm-Theorie wird die große Kluft, die zwischen Wissenschaft und Religion besteht, überbrückt, denn dem biblischen Schöpfungsbericht zufolge ist der erste Mensch aus Erde gemacht.“

Das klingt überzeugend, aber es ist ungenau. Evolution bleibt Evolution, ob der Mensch nun aus dem Urschlamm des Meeres oder aus Lehm entstanden ist. Jede neue Theorie beweist nur die Unbeweisbarkeit wissenschaftlicher Meinungen.

Beim biblischen Schöpfungsbericht geht es nicht um das Baumaterial, sondern um die Überzeugung, daß Gott der Ursprung allen Lebens ist. Die Welt ist nicht durch Zufall entstanden, sondern durch Gottes Schöpferhände.

Je mehr ich höre und lerne über die Beschaffenheit und die Funktionsweise des menschlichen Körpers, umso unglaublicher erscheint mir die Theorie vom zufälligen Entstehen des Menschen. Dazu reicht mein Glaube nicht aus.

Mir persönlich ist das folgende Gleichnis hilfreich geworden:

Der Großindustrielle Henry Ford sitzt im Kreise seiner Enkelkinder. Die Kleinen sind zwischen acht und zehn Jahre alt. Sie fragen den Großvater, wie er es geschafft habe, einen großen Betrieb aufzubauen und so berühmt zu werden. Henry Ford versucht, dem Verständnis seiner Enkel entsprechend zu antworten. Seine Ausführungen klingen anders, als wenn er über dasselbe Thema mit seinesgleichen sprechen würde. Die Kinder sind zufrieden. Werden sie, wenn sie einmal erwachsen sind und Wirtschaftslehre und andere Wissenschaften studiert haben, ihren Großvater der Kritik unterziehen? Werden sie ihm ihr Vertrauen aufkündigen? Ganz sicher nicht.

Der Schöpfungsbericht ist das Erzählen eines großen Vaters an seine kleinen Kinder.

Ob sich diese Kinder nicht freuen dürfen, wenn sie dereinst genau erfahren wie die Entstehung der Welt und die Erschaffung des Menschen vonstatten gegangen sind?

Gerettetsein gibt Rettersinn

Noch immer gilt der kleine Satz, den die Glaubensväter prägten: „Gerettetsein gibt Rettersinn.“

Ich erinnere mich noch lebhaft an einen Abend auf der Nordseeinsel Amrum. Im Gemeindehaus in Norddorf hielt der Kapitän eines Rettungsbootes einen Vortrag. Er schilderte uns, wie er und seine Männer bei Sturm auf die Nordsee hinausfahren, wenn von einem Schiff, das sich in Not befindet, die S.O.S.-Rufe kommen.

Sie fragen dann nicht, was das für Menschen sind, die ihre Hilfe brauchen, auch nicht danach, ob diese vielleicht durch Leichtsinn ihr Unglück selbst verschuldet haben. Stattdessen tun sie unter Einsatz ihres Lebens ihren Dienst, und versuchen, Menschen zu retten. Oft gelingt es ihnen, manchmal auch nicht.

Selbstverständlich beachtet die Mannschaft alle Vorsichtsmaßnahmen genau, denn sie haben meist Frau und Kinder.

Sie wissen um die Gefahren auf der sturmgepeitschten Nordsee, aber das hält sie von ihren Rettungsversuchen nicht zurück.

Ich bin an dem Abend sehr nachdenklich nach Hause gegangen. Mich bewegte die Frage: Was ist dir die Rettung derer wert, die sich durch Sünde und Schuld in Lebensgefahr befinden?

Wir können immer nur Werkzeuge sein, wenn es um die Rettung von Menschen geht. Gott selber sucht nach den Verlorenen und geht dabei oft seltsame Wege.

Alleinsein

Ich sprach mit einer Witwe. „Das Schwerste ist“, sagte sie, „daß ich mich nicht mehr mitteilen kann. Das Gespräch hat in unserer Ehe immer eine große Rolle gespielt. Wir hatten viele gemeinsame Interessen und waren um Gesprächsstoff nie verlegen.

Unsere Erlebnisse erhielten durch das gegenseitige Erzählen einen größeren Wert. Ich vermisse meinen Mann schmerzlich, am meisten vermisse ich den Gedankenaustausch mit ihm.“

Ich konnte die Frau gut verstehen.

Mir fiel ein kleines japanisches Gedicht ein, das uns Manfred Hausmann übertragen hat:

Ein Glühwürmchen
schwebt durch die Nacht.
Ich wollte sagen:
Sieh doch, Liebste!
Doch ich war ja allein.

Vom Haß befreit

In den ersten Jahren meines Hollandaufenthaltes kam es mit neuen Bekannten häufig zu Gesprächen über das Naziregime und den Zweiten Weltkrieg. Mir wurde dabei deutlich, wie sehr die Holländer unter der deutschen Besatzung gelitten hatten.

Einmal hatten wir zwei Frauen zu Besuch. Von der älteren wußte ich, daß sie in der Besatzungszeit ihren Mann verloren hatte, und zwar auf grausame Weise.

Obwohl er bei seiner Verhaftung schon krank war, wurde er zu einem langen Marsch gezwungen, bis er schließlich zusammenbrach und tot am Wege liegenblieb.

Bei unserem Gespräch war diese Frau sehr still. Doch dann sagte sie: „Seit dem Tode meines Mannes erfüllte mich ein tiefer Haß gegen die Deutschen. Ich konnte auch ihre Sprache nicht mehr hören.

Einige Jahre nach Beendigung des Krieges, als ich schon glaubte, meinen Haß überwunden zu haben, besuchten meine Freundin und ich eine christliche Konferenz in Deutschland. Während eines Vortrages brach aber das alte Haßgefühl wieder in mir auf, und zwar mit solch einer Stärke, daß ich aufstehen und den Saal verlassen mußte.

Meine Freundin folgte mir. Wir gingen auf unser Zimmer und fielen auf die Knie. Ich schrie zu Gott, er möge mich doch von dem Haß freimachen. Und er hat es sofort getan. Ich werde diese sofortige Gebetserhörung bis an mein Lebensende nicht vergessen.

Ich erlebte eine Umwandlung meiner Gefühle. Als wir auf unsere Plätze zurückgingen, empfand ich in bezug auf den Redner und die deutschen Glaubensgeschwister ein Gefühl der Zusammengehörigkeit.“

Kostbare Edelsteine

Kürzlich zeigte mir eine Mitschwester ihre Stein-Sammlung. Ich war fasziniert: Eine Vielfalt von Formen und Farben voll eigenartiger Schönheit. Vertieft sich ein Sammler in die Entstehungsgeschichte der einzelnen Steine, vermehrt sich nicht nur sein Wissen, sondern auch seine Ehrfurcht vor dem Wunder der Schöpfung.

Das Erleben hatte mich vorbereitet auf den Bericht über eine Ausstellung in einer Messehalle. Dort, so hörte ich, waren viele seltene Edelsteine, Halbedelsteine und Kristalle zu sehen.

Goldschmiede und Kaufleute drängten sich um die Tische, aber auch viele Menschen, denen es nicht ums Kaufen ging, sondern um den Zauber, den diese glitzernden kostbaren Gebilde ausstrahlten.

Bei mir führten die „Steineindrücke“ dazu, noch einmal nachzulesen, was Johannes in der Offenbarung über das himmlische Jerusalem schreibt:

„Und die Grundsteine der Mauer waren geschmückt mit allerlei Edelgestein. Der erste Grund war ein Jaspis, der zweite ein Saphir, der dritte ein Chalzedon, der vierte ein Smaragd, der fünfte ein Sardonyx, der sechste ein Sarder, der siebente ein Chrysolith, der achte ein Beryll, der neunte ein Topas, der zehnte ein Chrysopras, der elfte ein Hyazinth, der zwölfte ein Amethyst. Und die zwölf Tore waren zwölf Perlen, und ein jeglich Tor war aus einer Perle“ (Offenbarung 21,19-21a).

Sind die Edelsteine vielleicht als Bild zu sehen für das Höchste, was die himmlische Welt den Kindern Gottes vorbehält: Eine innige Gemeinschaft mit Gott, voll von strahlender Beständigkeit, ein In-Sich-Ruhen im tiefsten Frieden?

Ich könnte es mir denken.

Eine Karte, die mich seit Jahren begleitet

Die Diakonisse Hanna Kraft war im diakonischen Oberkursus unsere Leiterin. Ich habe sie sehr verehrt und geliebt.

Einmal bekamen wir Kursusteilnehmerinnen von ihr eine besondere Karte geschenkt. Auf ihr war ein Ausschnitt aus einem geschnitzten Abendmahlsbild von Tilman Riemenschneider: der Kopf des ruhenden Johannes in der Nähe Jesu.

Ein Bild grenzenlosen Vertrauens.

Diese Karte hat mich jahrzehntelang begleitet, weil der Vers auf ihr mich sehr ansprach:

Tu als ein Kind und lege dich
in deines Vaters Arme,
bitt' ihn und flehe, bis er sich dein,
wie er pflegt, erbarme:
So wird er dich durch seinen Geist
auf Wegen, die du jetzt nicht weißt,
nach wohlgehaltnem Ringen
aus allen Sorgen bringen.

Paul Gerhardt

Später wurde Schwester Hanna Vorsteherin unseres Mutterhauses Sarepta in Bethel. Sie hat ihr Amt freudig ausgefüllt, bis eine schwere Erkrankung es ihr unmöglich machte.

Einige Wochen vor ihrem Tod besuchte ich sie im Krankenhaus. Sie sprach eine Bitte aus. Sie müsse so oft an das Lied „Ich lieg in deinen Friedenshänden“ denken, habe aber den Text nicht, ob ich ihr den wohl besorgen könne.

Ich konnte es. Im Haus Abendfrieden waren gleich mehrere Schwestern, die ihr das Lied abschrieben und zuschickten:

Ich lieg in deinen Friedenshänden,
was zag ich noch?
Was wahrhaftig schlimm, das wirst du wenden,
was frag ich noch?

Ich lieg in deinen Friedenshänden,
da ruht sich's gut,
die werden alles selig wenden,
was wankt mein Mut?

Ich lieg in deinen Friedenshänden,
die führens aus,
die werden mir g'nug Hilfe senden
in Herz und Haus.

Einst tragen mich am selgen Ende
gar sanft und mild
ins Heimatland die treuen Hände,
dann ist's erfüllt.

So will ich mich denn stille fassen,
ich bin ja dein.
Dich will ich ruhig walten lassen,
bleib du nur mein.

(Unbekannter Verfasser)

Mensch und Tier

Die übertriebene Tierliebe in unserer Zeit gibt mir zu denken. Es kann nicht richtig sein, Hunde und Katzen abgöttisch zu lieben und dabei kinderfeindlich zu sein.

Mensch und Tier: Ein interessantes Thema. Der Mensch kann im eigentlichen Sinn nicht zum Tier werden. Er steht immer über dem Tier, das nicht nach dem Sinn seines Lebens fragt. Weil die Vernunft des Menschen durch die Sünde verdorben ist, kann er aber tierischer als ein Tier werden. Das Tier lügt nicht, und da die Lüge das Wesen der Sünde ausmacht, können wir nie dem Tier gleichen, weil es ohne Sünde ist.

Einfalt in der Vielfalt

Im dörflichen Sprachgebrauch meiner Heimat war ein „Einfaltspinsel" einer, der die listigen Tricks der anderen gar nicht oder erst spät wahrnahm, einer der sich aufziehen ließ, ohne daß er es merkte.

Später fühlte ich mich genötigt, über den Begriff „Einfalt" neu nachzudenken.

Warum hatte Matthias Claudius gebetet:

„Laß uns einfältig werden
und vor dir hier auf Erden
wie Kinder fromm und fröhlich sein"?

Sollte die Einfalt etwa eine erstrebenswerte Gabe Gottes sein? Die Mystiker hatten von der heiligen Einfalt gesprochen. Was war gemeint?

Dann kam mir der Vergleich mit der gebeutelten Tasche. Sie hat mehrere Fächer, in denen man alles Mögliche verstecken kann, auch Dinge, die überhaupt nicht zueinander passen. Das kann unangenehm sein.

Es gibt aber auch Taschen mit nur einem Fach. Sie sind übersichtlich, einfach und signalisieren Offenheit. Es gibt da nichts zu verbergen. Gewisse Begrenzungen liegen in der Natur der Sache und dadurch werden manche Sachen kompliziert.

Einfältige Christen dürfen beten:

Herr, hilf aus den Gedanken ins Leben hinein,
ganz und ohne Wanken dein Eigen zu sein.

Die Vielfalt des Lebens ist nicht zu beschreiben. Jeder Mensch erfährt ein Bruchstück davon, und was er über das Teil vom Ganzen berichten kann, bleibt fragmentarisch.

Aber da gibt es noch eine andere wichtige Erkenntnis: Nicht nur das Leben der Menschen in dieser Welt ist vielfältig und zugleich unterschiedlich; auch die Wege Gottes mit dem Einzelnen sind es.

Etwas von der Vielfalt ist in diesem Buch zu lesen.

Gott macht sich uns verständlich

Manche Menschen meinen, Gott sei so groß und der Mensch so klein, daß eine Verbindung zwischen beiden Ebenen unmöglich sei.

Das wäre wahr, wenn Gott sich nicht zu uns Menschen herabgeneigt hätte. Ein irdischer Vater würde von seinem kleinen Sohn nicht verstanden, wenn er mit ihm z. B. in der Computersprache redete oder in einer anderen Fachsprache. Er paßt sich vielmehr dem Verständnis seines Kindes an. So handelt auch Gott mit uns: Er begibt sich auf unsere Wellenlänge. Gott hat zu den Menschen gesprochen. Er hat sich offenbart. Aber wie können wir nun wissen, ob die Bibel wirklich Gottes Wort ist?

Gott hat uns einen Verstand gegeben. Mit ihm können wir die Dinge überprüfen. Der Verstand ist die Vortüre des Herzens. Was in das Herz geht, muß erst durch den Verstand aufgenommen werden.

Die Botschaft von dem Heil in Jesus wird erst von unserem Verstand aufgenommen. Sagt das Herz „nein" dazu, nimmt der Verstand die Botschaft nicht mehr auf. Sagt das Herz „ja", kommt es zur Erneuerung.

Wir brauchen also unseren Verstand nicht ausschließen, andererseits will Gott keinen verstandesmäßigen Glauben.

„Prüfet alles", sagt die Schrift. Die Bibel enthält zahllose Ermahnungen, die uns sagen: Forschet in der Schrift! Diesem Ziel soll jede Konferenz und jede Freizeit dienen.

Eine stille Morgenstunde

Sie hatte seit Jahren keinen Sonnenaufgang miterlebt. Jetzt, im Urlaub, war es leicht, sich diesen Wunsch zu erfüllen. Vor Tau und Tag zog sie los.

Noch lag ein merkwürdiges Grau über den Feldern und Wiesen. Ein letzter Stern verblaßte.

Und plötzlich tat sich etwas am östlichen Himmel. Kleine Wolkenschiffchen nahmen Farbe an, bunte Farben breiteten sich aus wie auf einem Teppich. Sie erinnerten an eine Prunkstraße, denn jetzt war es, als wehten glühendrote Fahnen flatternd empor und dann kam sie selbst, die hohe Herrin des Lebens: Die Frau Sonne. Es war wie der Höhepunkt einer gewaltigen Symphonie!

Das strahlende Taggestirn ist nicht müde geworden, hat nichts von seiner Kraft eingebüßt.

Wie es jetzt den taufrischen Morgen vergoldete!

Zwischen den Gräsern des Feldraines haben die kleinen Spinnen ihre Netze gewoben, feine Tücher, gespannt zwischen Halmen, die im Frühwind schwankten. Der Nachttau hatte Millionen Brillanten dazwischen gestreut. Sie blitzten in der Sonne. Das ganze Feld schien mit Regenbogenseide überspannt, unendlich zart und fein. Winzige Feldspinnen und Nachttau webten das Wunder.

Sie konnte sich nicht sattsehen. Im wechselnden Spiel ließ die Sonne die Tautropfen bald wie Rubine, bald wie Smaragde aufleuchten.

Es war nur für eine Stunde. Dann war die Herrlichkeit dahin. Immer kleiner wurden die Tautropfen, immer grauer das Gewebe der Spinnen. Frau Sonne trank den Ozean voll Diamanten leer.

Geliehene Schönheit - nur für kurze Zeit.

Ist es im Menschenleben anders?

Und doch war sie von Herzen dankbar für diese stille Morgenstunde in Gottes freier Natur. Auf dem Heimweg sang sie mit den Lerchen um die Wette.

Sie sang das Lied: „All Morgen ist ganz frisch und neu, des Herren Gnad' und große Treu, Sie hat kein End' den langen Tag, drauf jeder sich verlassen mag."

12.80 m 2830

Weichenstellungen - Entscheidende Situationen
RKW 222 · 48 Seiten, Taschenbuch, DM 4,80

Das Leben entscheidet sich immer nur an den Weichenstellungen, nicht auf der großen Fahrt. Marie Hüsing befragt Zeugen Gottes nach diesen entscheidenden Ereignissen in Ihrem Leben.

Eine unvergeßliche Erinnerung - Großdruck
RKW 419 · 160 Seiten, Paperback, DM 15,80

Es ist immer eine Freude und eine Ermutigung im Glauben, den Erzählungen von Marie Hüsing zu folgen. In manchen Geschichten berichtet die Autorin von tiefen Tälern, die einen Menschen verändern und zum Frieden finden lassen. Oft sind es die „krummen Wege", auf denen Gott „gerade" schreibt.

Überwiegend heiter - Ein fröhliches Vorlesebuch
RKW 221 · 72 Seiten, Taschenbuch, DM 5,80

Haben Sie Humor? Marie Hüsing möchte Sie mit diesem kleinen Buch zum Schmunzeln bringen. Auf spritzige Weise trägt sie eigene Erlebnisse, Geschichten, Gedichte und kleine Begebenheiten vor.